질문으로 시작하는
# 세계사 수업
# 1

# 질문으로 시작하는

# 세계사 수업

## 오늘의 세계는
## 어떻게 만들어졌을까?

김태수 지음

①

어크로스

## 프롤로그

# 역사적 사고의 즐거움

역사는 단순히 과거의 사건과 연도를 외우는 학문은 아닙니다. 많은 사람이 학창 시절 임진왜란이 1592년에 발발했다는 것을 기억하기 위해 "이러고 있을(1592) 때가 아니다"라는 유머 섞인 암기법을 사용한 경험이 있을 것입니다. 혹은 "태정태세문단세……"와 같은 줄임말로 조선왕조의 왕들을 외우느라 애썼던 기억도 떠오를 것입니다. 우리는 이런 방식으로 역사를 이해했다고 착각할 때가 많습니다. 그러나 역사는 단순히 연표에 적힌 사건들의 나열이 아니라 그 사건들이 왜, 어떻게, 그리고 어떤 맥락에서 일어났는지를 이해하는 과정입니다.

역사는 무엇보다 질문으로부터 시작됩니다. 이 책에서 다루고 있는 세계사에서 예를 든다면, 미국이 어느 해에 건국되었는지를 아는 것보다는 왜, 그리고 어째서 영국으로부터 독립했는지를 물어보고 탐구하는 데 역사의 본질이 있습니다. 그런데 역사에 대한 질문을 던질 때는 역사적 맥락에 대한 이해가 필요합니다. 아메리카 식민지인들이 독립을 결정했을 때 아메리카와 영국의 정치경제적, 사회문화적 상황은 어떠했는지, 그 시대를 살아가던 미국의 지도부와 시민들은 어떠한 상황에 처해 있었으며 그러한 상황이 그들의 결정에 어떠한 영향을 끼쳤는지를 궁금해하며 질문을 던지기 시작하면, 끝도 없이 이어지는 역사의 묘미를 느낄 수 있습니다.

이처럼 역사적 맥락을 이해하고 질문을 던지는 것은 단순히 왕과 장군의 이름 혹은 주요 전투의 연도를 외우는 것과는 본질적으로 다릅니다. 이렇게 질문을 통해 역사적으로 사고하는 습관을 기르기 시작하면 시간이 지나 외운 것들을 잊는다 해도 역사적 사고방식은 여전히 남아 있게 됩니다. 또한 더 중요하게는 다른 역사적 사건을 접하게 될 때에도 그 사건을 역사의 흐름과 인간 행동의 복잡성 속에서 탐구하도록 이끕니다. 반대로 역사적 맥락에 대한 이해가 없다면 제대로 된 질문을 던지기 어렵습니다. 혹은 질문을 던지더라도 시대적 상황에 맞지 않는 시대착오적 질문을 던지게 됩니다. 이처럼 역사는 그 자체로 완결된 과거가 아니라 우리의 질문과 해석을 통해 현재와 과거가 소통하는 살아 있는 학문입니다.

이 책의 가장 큰 목표는 독자들이 역사적 맥락 속에서 질문을 던지고 그 질문을 통해 역사적으로 사고하는 즐거움을 느낄 수 있도록 돕는 것입니다. 여기서 다루는 각각의 사건이 어쩌나가 해당 시기의 역사적 맥락 속에서 일어나게 되었는지, 특정한 인물이나 세력이나 민족이 왜 역사적으로 그런 선택을 할 수밖에 없었는지를 21세기를 사는 한국인 역사학자의 관점에서 설명하고자 했습니다. 이를 통해 독자들은 한국과는 지리적으로 동떨어진 유럽과 미국의 역사를 이해하는 것이 한국의 역사를 이해하는 데도 중요할 뿐만 아니라 질문을 던지고 대답하는 힘을 기르는 데도 필수적이라는 것을 느낄 수 있을 것입니다.

이 책은 3장으로 구성되어 있습니다. 첫 번째 장에서는 우리가 살고 있는 근대적 일상이 서양 세계에서 어떻게 시작되었는지를 모았습니다. 지나간 역사를 이해하는 데에는 여러 가지방법이 있습니다. 과거에 살았던 사람들의 일상을 살펴보는 것은 우리의 일상과 과거의 일상을 비교하면서 역사를 친근하게 이해하는 좋은 방법입니다. 이 장에서는 시간 체계, 여행, 음료, 의료, 스포츠 등 우리에게는 일상에 가까운 것들이 과거의 사람들에게는 얼마나 낯설고 새로운 개념이었는지를 탐구합니다.

첫 번째 장이 이처럼 미시사적 일상을 다루고 있다면, 두 번째 장은 우리의 사고방식이 어떻게 근대적 형태로 발전했는지를 살펴봅니다. 우리는 한국어를 사용하고 한국의 문화와 역사를 공유하고 있지만, 근대사회 속에 살고 있고 근대적 사고방식을 대부분 공유한다는 점에서 모두 근대인입니다. 이 장에서는 합리성과 진보 그리고 경제성장에 대한 믿음, 약자에 대한 배려 등과 같이 우리가 살고 있는 사회의 핵심을 구성하는 사고방식에 대해 다루는 동시에 인종차별이나 약자에 대한 멸시와 같이 근대적 사고의 어두운 면도 다루고 있습니다.

세 번째 장에서는 대표적인 근대 국가들의 탄생 과정을 다룹니다. 과거의 사람들이 살았던 일상이 역사학의 모세혈관이라면 국가와 정치 체제는 역사학의 중추입니다. 이 장에서는 미국과 같이 누구나 살면서 한 번쯤은 접하는 국가의 탄생 과정도 다루고 있지만 많고 많은 국가 중에 어째서 스위스가 중립 국가가 되었는지, 호주는 우리가 흔히 들은 대로 정말 범죄자들이 정착해 탄생한 국가가 맞는지 등도 비판적으로 살펴봅니다.

이 책은 제가 5년 넘게 운영하고 있는 유튜브 채널 '함께하는 세계사'에서 다룬 내용을 책의 형태에 맞게 보충하고 보완하여 완성되었습니다. 각 꼭지는 독립적으로 구성되어 있어 관심 있는 주제부터 읽어도 이해할 수 있도록 쓰여졌습니다. 그러나 책 전체를 통독한다면 우리가 살고 있는 사회의 구조와 역사적 맥락을 더욱 통합적으로 이해하는 데 큰 도움이 될 것입니다.

《질문으로 시작하는 세계사 수업》이 나오기까지 많은 분의 노력과 수고가 있었습니다. 여기서 다루는 각각의 내용은 기존에 선행되었던 여러 역사학자의 연구 덕분에 대중적인 형태로 세상에 나올 수 있었습니다. 어크로스 출판사의 도움이 아니었다면 이 책은 지금과 같은 형태로 탄생할 수 없었을 것입니다. 이 책은 특히 어크로스 출판사의 강태영 편집부 차장님의 기획과 편집력 덕분에 세상에 나올 수 있었습니다. 또한 '함께하는 세계사'의 구독자와 후원자 여러분께도 감사의 말씀을 전합니다.

마지막으로 아들을 언제나 응원하고 지지해주시는 부모님께 감사의 인사를 드립니다. 15년 전 대학에 입학한 후 심사숙고 끝에 역사학을 진지하게 공부하고 싶다는 의견을 말씀드렸을 때 단 한 순간도 망설이지 않고 제 선택을 믿어주신 그 순간을 기억합니다. 저의 가장 소중한 친구이자 연인이며 인생의 동반자인 아내에게도 진심의 마음을 담은 고마움의 인사를 하고 싶습니다.

## 차례

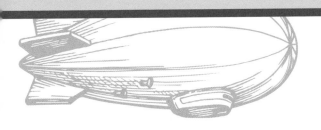

## 3부   국가의 기원
### 그 나라는 어떻게 역사에 등장했을까?

# 1부

# 일상의 발견

?

우리는 언제부터
그렇게 지내기 시작했을까?

# 1 우리는 언제부터 같은 시간에 살게 됐을까?

21세기를 사는 현대인에게 한 국가 안에서 통일된 시간 체계가 적용되는 것은 너무나 당연해 보입니다. 예를 들어 한국 사람이라면 서울과 부산, 부산과 광주, 광주와 대구 등이 시차 없이 같은 시간을 공유하는 것이 지극히 자연스럽게 느껴집니다. 미국처럼 땅이 넓은 나라의 경우에도 지역마다 시차가 있기는 하지만 같은 시간대에 속한 지역 안에서는 같은 시간을 공유합니다.

현대의 시간은 그리니치 표준시에 따라 공식적으로 정해졌습니다. 그리니치 표준시는 영국에 의해 1840년대에 도입된 이후 1884년 국제적인 표준으로 자리 잡았습니다. 그러나 모두가 그리니치 표준시를 바로 받아들인 것은 아니었습니다. 미국은 1883년에 그리니치 표준시를 받아들였지만 스위스, 덴마크, 노르웨이, 이탈리아 등은 1890년대에야 이를 도입했습니다. 영국의 강력한 경쟁자였던 프랑스는 1911년에야 그리니치 표준시를 도입했습니다. 독일 역시 하나의 국가로 통일되고 20년이 지난 1890년대 초까지도 여전히 그리니치 표준시를 받아들이지 않았습니다. 시간이 통일되기 전 각 지역의 사람들은 관습적, 역사적, 문화적으로 정해진 자신들의 시간 속에서 평생 살다가 죽는 경우가 많았습니다.

## 인간은 기차를 만들고 기차는 시간을 창조했다

독일의 사례는 지역마다 제각각이었던 시간이 어떻게 하나의 체계로 통일되었는지를 잘 보여줍니다. 사실 독일은 1871년에야 비로소 하나의 민족국가로 통일되었습니다. 그전까지만 해도 독일은 수많은 왕국과 영지로 분열되어 있어서 시간을 관리하는 중앙집권적 체계가 존재하지 않았습니다. 이는 각각의 영토에서 서로 다른 시간이 적용될 수 있었다는 뜻입니다. 지금은 정확한 시간 단위로 시차가 나뉘어 있지만 19세기 독일에서는 베를린, 뮌헨, 함부르크, 하노버, 프랑크푸르트, 슈투트가르트 등이 몇 분, 심한 경우 몇 초 차이로 어지럽게 시차가 나뉘어 있었습니다.

예를 들어 독일 내에서 가장 시차가 큰 두 지역의 차이는 26분 19초였습니다. 한 나라 안에서 무려 약 26분이라는 애매한 시간 차이가 있었던 것입니다. 게다가 서로 다른 지역 간의 시차는 분 단위로 분명하게 떨어지는 것이 아니라 초 단위까지 달랐습니다. 즉 19세기까지 한 나라 안에서 적용되었던 서로 다른 시간은 지금 한국과 일본 혹은 한국과 미국 사이의 시차와는 완전히 다른 개념이었습니다.

이렇게 시간이 통일되지 않은 상황에 균열을 만든 것은 18세기와 19세기 산업화의 상징이었던 철도였습니다. 하지만 철도는 순수하게 경제적인 의미에서만 중요했던 것이 아닙니다. 21세기와 마찬가지로 기차가 서로 먼 지역들을 정시에 연결해주기 위해서는 정해진 시간에 규칙적으로 운행되어야 했습니다. 그리니치 체계가 1840년대부터 적용되었던 영국에서는 철도의 발전 덕분에 각 지방의 서로 다른 시간이 국가적으로 통일된 하나의 시간으로 바뀌었죠. 19세기에 영국의 한 학자는 "철도는 런던을 전국과 이어주었고 이를 통해 지방의 독립적인 시간이 서서히 사라졌다. 대중은 곧 정확하고 통일된 철도 시간이 중요하다는 것, 그리고 여태까지 경험한 자연적 시간과 인위적으로 정해진 철도의 시간이 반드시 일치하지는 않는다는 것을 깨달았다"라고 말했습니다. 이 시기 철도의 영향력을 보여주는 말입니다.

지금의 우리에게는 "지방의 독립적인 시간이 서서히 사라졌다"는 말이 잘 와 닿지 않을 수도 있습니다. 하지만 조금만 상상력을 발휘해보면 이 말의 의미를 이해할 수 있을 것입니다. 19세기 이전 전근대인의 입장이 되어서 내가 살고 있는 마을의 시간이 국가에서 인위적으로 정해준 통일된 시간과 몇 분의 차이가 있다고 가정하면 어떤 생각이 드시나요? 전근대인이라면 아마도 처음에는 이 차이가 별것 아니라고 생각할 것입니다. 애초에 전근대 사회에서는 엄격하게 시간을 지킬 필요가 별로 없었기 때문입니다. 따라서 전근대인이라면 시간을 왜 통일해야 하는지, 그 필요성 자체를 인식하지 못할 것입니다.

그런데 19세기 들어 갑자기 철도가 여기저기 깔리고 기차를 타야 할 일이 생긴다면 이 마을에는 무슨 일이 벌어질까요? 예를 들어 마을 사람들이 10시 45분에 출발하는 기차를 타야 하는 상황을 가정해봅시다. 마을에서 사용하는 시계는 아직 10시 38분을 가리키고 있기 때문에 마을 사람들은 천천히 기차역으로 걸어가고 있습니다. 그런데 기차에서 사용하는 시계에 따르면 이미 시간은 10시 44분이 되었습니다. 몇 분 후 마을 사람들은 영문도 모른 채 단체로 기차를 놓쳤다는 사실을 깨닫게 될 것입니다.

바로 이런 일이 빈번하게 일어났기 때문에 국가적으로 통일된 하나의 시간에 대한 사회적 필요성이 증가했습니다. 영국에서 시작된 산업화를 뒤늦게 따라간 독일이 이러한 사실을 모를 리 없었습니다. 1873년 독일의 경제학자 구스타프 슈몰러는 "철도는 하나의 민족적 시계로 작용한다"라는 말을 했습니다. 이 말이야말로 철도가 한 국가의 시간과 관련해서 어떤 의미를 가졌는지를 단적으로 드러냅니다.

그런데 독일과 영국에는 중요한 차이점이 하나 있었습니다. 영국과는 달리 오랜 시간 서로 쪼개져 있던 독일에서는 1871년 국가가 통일된 이후에도 한동안 지방의 시간이 중앙정부에 맞서 굳건하게 버텼습니다. 이렇게 지방의 독립적인 시간이 계속 존재했다면 철도 운행은 어떻게 이뤄졌을까요? 독일의 철도 기관사들은 모든 지방의 시차를 알고 거기에 맞춰 기차를 운행해야 했습니다. 기관사의 방에는 모든 지방의 시간에 대한 정보가 적혀 있어서 운행 중에 지역이 바뀔 때마다 실시간으로 다른 시간을 새로 적용할 수 있었습니다. 당연히 엄청나게 불편하고 비효율적이었습니다. 놀랍게도 독일에서는 1890년대까지 이러한 관습이 유지되었습니다.

물론 독일 중앙정부도 이런 방식이 비효율적이라는 사실을 알고 있었기 때문에 시간을 통일하려고 노력했습니다. 독일 정부는 통일 직후, 즉 1872년부터 베를린의 시간을 철도 운행의 기준으로 적용할 것이라고 발표했습니다. 곧 통일된 시간이 전국에 적용될 것이라고 기대하는 사람도 생겨났습니다. 각 지방마다 시차는 불과 몇 분에 불과했기 때문에 이를 통일하는 과정은 별것 아닌 것처럼 보이기도 했습니다. 한 독일인은 "만약 오늘 밤에 독일의 모든 시계가 베를린의 시간에 맞춰 교정된다고 해도 다음 날 아무도 알아차리지 못할 것이다"라고 말하기도 했습니다. 이런 사람들이 보기에 지방의 시간을 고집하는 것은 아무 의미도 없는 것에 집착하는 시대착오적인 생각으로밖에 안 보였습니다.

1849년 독일 전역의 철도망

그런데 국가적으로 통일된 시간을 일괄적으로 적용하기까지 이처럼 정부의 발표가 필요했고 사람 간에 이런저런 말이 오가야 했다는 것은 역으로 많은 사람이 하나의 통일된 시간에 반대했다는 것을 방증합니다. 시간의 역사를 연구하는 역사학자들에 따르면 1880년대까지만 해도 오히려 각 지방이 각자의 독립된 시간을 갖는 것에 찬성하는 사람이 더 많았습니다. 여기에는 여러 이유가 있었습니다. 우선 아직까지도 농촌에 살고 있던 대다수의 인구는 기차를 탈 일이 없었다는 것이 중요한 이유였습니다. 평생 기차 탈

일이 없는 사람이 보기에는 지금까지 살아온 시간을 버리고 기차 운행을 위해 전국적으로 통일된 시간을 써야 한다는 주장이 설득력 있게 다가오지 않았습니다.

더 중요한 이유는 많은 사람의 눈에 시간을 억지로 통일시킨다는 생각이 자연의 섭리를 거스르는 행동으로 보였다는 것이었습니다. 여태까지 자연적인 시간의 흐름에 맞춰서 관습적으로, 그리고 역사적으로 형성되어온 마을 고유의 시간이 있는데, 자신이 직접 접해본 적도 없는 중앙정부가 갑자기 바꾸려고 하니까 본능적인 거부감이 생겼던 것입니다. 게다가 지역 사람의 눈에는 중앙정부의 권위 외에는 마을에서 원래 사용하던 시간을 버리고 중앙정부의 시간을 따라야 할 근거도 없었습니다.

## 기차역 앞에 커다란 시계가 설치된 이유

각 지방에서 중앙정부의 시간과는 다른 고유의 시간을 유지하겠다고 주장한 또 다른 이유는 지역의 권력과 관련 있었습니다. 사실 한 지역의 권력자에게 시간을 통제할 수 있다는 것은 그 자체가 막강한 권력이었습니다. 유럽의 오래된 교회나 시청의 탑에 있는 시계는 이러한 권력을 상징했습니다. 그런데 지방 유지의 입장에서 시간을 강제로 중앙정부의 기준에 맞춰 통일시킨다는 것은 곧 자신의 권력 중 하나가 사라지는 것과 다름없었습니다.

지방의 통치자에게 시간에 관한 논쟁은 단순히 시간을 넘어서서 자기 권력의 근본을 건드릴 수 있는 예민한 문제였습니다. 19세기 독일뿐만 아니라 산업화가 진행된 대부분의 유럽 국가에서는 각 지역의 교회나 시청에 지역의 시간을 표시하는 시계가 걸려 있었고 기차역에는 철도에 맞춰진 통일된 시간을 표시하는 시계가 걸려 있었습니다. 그런데 점점 많은 사람이 기차역까지 걸어가서 시계를 확인하고는 시청의 관리나 성직자들에게 시간이 안 맞는다고 따지기 시작했습니다. 이렇게 문제 삼는 사람에게 마을의 시간이 틀렸고 기차역의 시간이 맞다고 인정하는 것은 지방 통치자에게 심각한 권위의 실추를 뜻했습니다.

지방의 통치자는 이런 상황을 모면하기 위해 종종 웃지 못할 방법을 사용했습니다. 바로 기차역의 시계를 떼어내 역 안에 숨겨두는 것이었습니다. 이런 임시방편에 의존했다는 것은 기득권에게는 시간의 문제가 그만큼 중요했다는 뜻입니다. 시간을 두고 벌어진 갈등은 전근대까지 지방에서 권력을 가지고 있던 시청과 교회가 이제 근대화와 함께 중앙정부에 그 위상을 내주었다는 것을 보여주는 사례라고 할 수 있습니다.

독일 제국의회에서도 시간의 통일에 관해 수차례 치열한 논쟁이 벌어졌습니다. 1891년에는 심지어 오토 폰 비스마르크와 함께 독일 통일의 영웅으로 꼽혔던 헬무트 폰 몰트케가 91세의 노구를 이끌고 직접 제국의회에서 연설을 했습니다. 군인으로 여러 차례 전쟁에서 프로이센의 승리를 이끌었던 몰트케는 의원들 앞에서 전쟁 수행을 위해서라도 국가적으로 통일된 시간이 필요하다는 점을 역설했습니다. 몰트케는 독일이 통일되고 20년이 지났음에도 아직까지 독일 내에 다섯 개의 서로 다른 시간 권역이 존재한다면서 프랑스 및 러시아와 국경을 맞대고 있는 독일은 미래의 전쟁을 위해서라도 통일된 시간이 반드시 필요하다고 주장했습니다. 전시에 군인들을 시간에 맞춰 수송할 필요성 때문에라도 시간은 반드시 통일되어야 했습니다.

몰트케의 연설에도 반대파의 의지는 꺾이지 않았습니다. 독일제국의 총리였던 레오 폰 카프리비가 직접 몰트케의 의견에 반대했을 정도로 반대파의 의지는 강했습니다. 카프리비는 "우리는 전쟁을 매일 하지 않는다"면서 전쟁 수행을 위해 국민의 일상적 삶의 조건을 바꾸는 것에 반대했습니다. 그는 통일된 시간에 대한 요구를 "자연적 조건을 거스르는 성가신 압박"이라고 신랄하게 비판했습니다.

시간 통일에 대해 갈등이 첨예했기 때문에 독일에서는 1893년에야 겨우 입법을 통해 그리니치 체계를 도입하고 전국적으로 시간을 통일할 수 있었습니다. 이때도 반대의 목소리가 워낙 커서 첫 1년은 철도 회사 내부에서만 통일된 시간을 이용했다는 후문이 전해집니다. 이후 정부는 전국적으로 기차역 밖에 모두가 볼 수 있는

기차역 밖에 커다란 시계가 설치되기 시작했다.

큰 시계를 설치하기 시작했습니다. 이제 시민은 누구나 기차역 밖에 있는 시계를 보고 공식적인 시간을 확인할 수 있었습니다. 모든 사람이 적극적으로 통일된 시간을 손쉽게 공유할 수 있게 된 것이지요.

독일에서 시간이 통일되는 과정은 역사적으로 여러 가지 생각할 거리를 남겨줍니다. 독일 총리가 직접 나라 안에서 하나의 시간을 사용하는 것을 "비자연적"이라고 비판한 것은 21세기를 살아가는 우리에게는 무척이나 시대착오적으로 보입니다. 그러나 19세기 말 독일은 시간 통일조차 쉽지 않았음에도 지금의 나미비아와 토고를 비롯해 전 세계에서 식민지를 개척하고 있었습니다.

20세기 독일에서 최고의 역사가 중 한 명으로 꼽히는 라인하르트 코젤렉은 19세기와 근대화의 특징을 "비동시성의 동시성"이라고 표현한 바 있는데요. 이는 서로 다른 시대에 속하는 것처럼 보이는 상황이나 양상이 동시대에 벌어진다는 말입니다. 시간을 둘러싼 논쟁의 역사도 비동시성의 동시성을 잘 보여주는 사례라고 할 수 있을 것입니다. 한편에서는 지극히 전근대적인 것으로 보이는 마을 고유의 시간에 대한 고집이, 다른 한편에서는 근대화의 상징인 철도가 전국에 깔리고 전 세계에 대한 식민지화가 진행된 것을 보면 말이죠.

## 2  최초의 관광 여행은
어떻게 시작됐을까?

1841년 7월 5일 영국 레스터에서 한 가지 특이한 광경이 목격되었습니다. 인근의 러프버러 지역으로 향하는 기차에 무려 500여 명의 단체 손님이 탑승한 것입니다. 그런데 이들은 개인별로 따로 표를 산 것이 아니라 단체표를 구매해 시 외곽으로 나들이를 떠났습니다. 21세기를 사는 우리는 사람들이 단체로 여행을 떠나는 장면을 심심치 않게 볼 수 있지만 19세기 초중반까지만 해도 이런 광경은 굉장히 낯선 것이었습니다. 지역 신문도 이 사건을 특별히 보도하며 "사람들이 이 사건에 굉장히 열광했다"고 했습니다. 이 사건이 지역 신문에까지 보도된 데에는 그만한 이유가 있었습니다.

당시 여행이라는 취미는 상류층에게 독점되다시피 했습니다. 그런데 1841년 7월 5일의 나들이에 단체로 참가한 이들은 상류층이 아니라 평범한 시민들이었습니다.

그렇다면 누가 이 여행을 조직했을까요? 지금까지도 자신의 이름을 딴 여행사로 유명한 토머스 쿡이었습니다. 사실 영국에서는 산업화 시대와 함께 대규모 철도가 깔리면서 여행을 위한 기본적인 인프라가 갖춰졌지만 19세기 초만 해도 철도는 주로 산업용으로 이용되었습니다. 그러나 점차 소수의 사람이 철도를 여행 용도로 사용할 방법을 고민하기 시작했습니다. 그중 토머스 쿡은 최초로 대규모 단체여행을 조직한 인물이었습니다. 일부 역사학자는 이 사건을 현대적인 관광 여행의 시작점이라고 평가합니다.

사실 쿡이 이런 여행을 조직한 데에는 한 가지 특이한 동기가 있었습니다. 쿡은 일찍부터 어머니와 단둘이 힘든 환경에서 생활하며 경제활동을 해야 했습니다. 이때 그는 목수로 일을 배우면서 알코올 문제를 겪는 사람을 너무나 많이 목격했습니다. 19세기 초 영국에서는 노동자의 알코올 중독 문제가 사회문제로 떠올랐습니다. 알코올 중독 문제는 산업화 이후 지나치게 가혹한 노동조건에 시달리던 많은 노동자가 값싼 싸구려 술에 의지하면서 본격적으로 등장했습니다. 알코올 중독이 사회 전반에 광범위하게 퍼진 데에는 영국 정부의 문제도 있었습니다. 정부는 규제받지 않는 자본주의의 부작용으로 극단적인 환경에 놓인 노동자들을 돌보는 대신 독주 값을 낮게 유지하며 알코올 중독 문제를 사실상 방치했습니다. 초기만 해도 쿡은 알코올 중독 문제를 해결하는 것을 자신의 사명으로 삼게 됩니다.

쿡이 계획한 레스터에서 러프버러까지의 나들이는 금주운동의 일환이었습니다. 여행의 출발에서 마무리까지 음주가 엄격히 금지되었기 때문입니다. 음주가 일상이 된 상황에서 술을 마시지 않는 여행은 그 자체가 하나의 파격적인 사회실험이었던 셈입니다. 첫 행사를 성공적으로 마친 쿡은 이후 비슷한 사업을 기획했지만 초기에는 험난한 과정을 겪어야 했습니다. 리버풀 관광 상품을 기획했지만 크게 성공하지 못했고 1846년에는 파산 신고를 해야 했습니다. 쿡의 사업이 초기에 성공하지 못한 데에는 여러 이유가 있었지만 철도를 제외하고는 대규모 식당이나 숙소 등 인프라가 아직 갖춰지지 않았다는 점이 중요하게 작용했습니다.

하지만 쿡은 사업이 어려울 때에도 음주를 자제한다는 사업의 테마를 유지했습니다. 그는 전국에서 음주의 폐해를 지적하는 강연을 열었고 소책자와 신문에도 금주를 홍보했습니다. 심지어 여행을 통한 금주를 다짐하고 이를 실천하려는 사람들에게는 자신의 "절제 호텔"에서 무료 숙박을 제공했습니다.


**알프스 등반부터 로마 유적지 관람까지**


이처럼 초기의 사업적인 어려움 속에서도 쿡은 여러 방면으로 홍보를 하고 노하우를 쌓은 끝에 성공을 거두기 시작했습니다. 처음에는 도시 외곽으로 나들이를 떠나는 정도였지만 몇 년 후에는 영국 내의 도시 간 여행은 물론, 영국에서 유럽 대륙으로 떠나는 여행 상품도 개발됐습니다. 쿡은 한 걸음 더 나아가 1851년 런던 만국박람회에서는 외국에서 들어오는 관광객들을 상대로 사업을 벌였습니다. 이때 쿡의 상품을 통해 런던에 들어온 사람은 무려 16만 5000명에 달했습니다.

이후 쿡은 영국에서 미국이나 이집트 등으로 떠나는 대규모 관광 상품도 개발하기에 이릅니다. 이 같은 장거리 여행은 얼마 전까지만 해도 일반인이 상상하기 어려운 일이었습니다. 특히 영국에서 유럽 대륙으로 떠나는 여행은 "그랜드 투어"라고 불리며 상류층의 전유물로 여겨졌습니다.

그랜드 투어는 주로 상류층 집안의 아들이 성인이 될 때쯤 유럽 대륙을 돌아다니다가 최종 목적지인 이탈리아에 도착하면서 끝나는 것이 특징이었습니다. 이 여행을 통해 상류층 남성은 유럽의 알프스와 같은 자연 풍경은 물론, 고대에서 중세에 이르는 유럽의 역사를 직접 눈으로 보고 이른바 교양 있는 귀족으로 성장할 수 있었습니다. "아는 만큼 보인다"는 말은 예나 지금이나 통했기에 그랜드 투어에는 여행 중에 마주할 예술 작품, 역사적 유물이나 자료 등에 관해 충실하게 설명해줄 지식인이 선생님으로 동행했습니다. 이런 긴 여행에 필요한 비용과 선생님의 보수까지 감안하면 극소수의 상류층만 그랜드 투어를 감당할 수 있었습니다.

쿡은 바로 이런 여행을 대중화한 것이었습니다. 쿡은 상류층 귀족이 여행에서 체험했던 것에 기초해서 여행 프로그램을 짰습니다. 알프스에서 등산을 하거나 고대 로마의 유적을 방문하는 것 등이 대표적이었습니다. 현대의 패키지 여행에서도 그러하듯이 여행자는 처음부터 치밀하게 계획된 일정을 소화했습니다. 이는 쿡이 사업을 확장하면서 이윤을 극대화하기 위한 여러 가지 노하우를 얻은 덕분에 가능한 일이었습니다. 쿡은 철도회사와 직접 협상해서 표를 싸게 구하는 것은 물론, 유럽 대륙의 숙소와 식사까지 모두 사전에 준비했습니다. 일반인에게 큰 어려움으로 다가왔을 환전 문제를 해결하기 위해 여행지에서 쓸 수 있는 회사만의 쿠폰을 만들기도 했습니다. 여행자 수표의 개념도 쿡의 회사와 함께 확산되었습니다.

사실 쿡이 이 모든 것을 최초로 생각해낸 것은 아니었습니다. 이전에도 이런 구상을 한 사람들은 간헐적으로 있었지만 쿡만이 자신의 이름을 딴 회사를 만들고 이를 성공적으로 유지했습니다. 쿡이 성공하자 여러 경쟁자가 모방적으로 사업을 벌였습니다. 하지만 대부분은 쿡과는 달리 다른 대륙과 국가로 사업을 확장하지 못하고 몰락했습니다.

## 산업화가 바꿔놓은 여행의 풍경

쿡도 성공만 거둔 것은 아니었습니다. 초기에 쿡의 회사는 앞서 언급했던 최초의 관광여행이 이루어졌던 레스터에 본점을 두었습니다. 사업이 점차 확장되자 쿡은 1865년 수도인 런던에 새로운 지점을 만들었습니다. 쿡이 두 지점을 모두 돌보는 것은 벅찼기 때문에 머지않아 쿡의 아들 존 메이슨 쿡이 런던 지점을 도맡아 관리했습니다. 이에 맞춰 회사의 이름도 "토머스 쿡(Thomas Cook)"에서 "토머스 쿡 앤 선(Thomas Cook & Son)"으로 변경됐습니다. 회사 이름이 변경된 뒤에도 한동안은 사업이 무사히 확장되는 것처럼 보였습니다. 아버지 쿡은 1872년 최초로 아홉 명의 여행객으로 구성된 세계여행을 조직하면서 평생의 꿈을 실현했습니다. 222일 동안 여행객들은 대서양을 건넌 후에 기차를 타고 아메리카 대륙을 횡단하고 일본과 중국 그리고 1869년 갓 완성된 수에즈 운하를 통과해 영국으로 돌아왔습니다. 오늘날의 관점으로 생각해봐도 선뜻 결심하기 쉽지 않은 여행이니 1870년대의 사람들에게는 굉장히 파격적인 여행이었습니다.

아버지 쿡의 사업적인 성공에도 일단 런던에 아들이 관리하는 새로운 지점이 생기자 아버지와 아들의 관계에 점차 긴장감이 감돌았습니다. 점차 본점인 레스터와 지점인 런던의 관계가 역전되기 시작했습니다. 쿡은 여전히 사업을 처음 시작했을 때의 마음,

즉 금주 문화를 홍보하고 싶은 마음을 간직하고 있었습니다. 술을 안 마시는 "절제 호텔"도 여전히 사무실 위층에서 운영했습니다.

반면 아들 쿡은 회사가 오롯이 높은 수익을 안겨줄 사업에만 집중하기를 원했습니다. 아들의 눈에는 사무실 위층에서 절제 호텔을 운영하고 금주를 약속하는 이들에게 각종 할인권을 나눠주는 아버지의 모습이 답답하게만 보였습니다. 아버지와 아들은 지속적으로 갈등했고 이는 부자 관계에도 악영향을 끼쳤습니다. 결국 1879년 아들의 설득으로 아버지는 사업에서 은퇴했습니다. 이후 아들 쿡은 혼자 회사를 이끌면서 더욱 사업을 확장했고 나중에는 영국 군대를 수송하는 일까지 정부로부터 위탁받기에 이릅니다.

은퇴한 토머스 쿡은 레스터에서 살다가 1892년 83세의 나이로 시력까지 잃고 사망했습니다. 회사의 규모는 계속 성장했지만 존 메이슨 쿡의 아들들, 그러니까 토머스 쿡의 손자들이 1928년에 회사를 프랑스의 한 철도회사에 매각하면서 회사는 이름만 유지했을 뿐, 더는 쿡 가문의 소유가 아니었습니다. 이때 토머스 쿡 회사를 매입한 철도회사의 이름이 "국제 침대차 회사(Companie Internationale des Wagons-Lits)"입니다. 이름에서 알 수 있듯이 이 회사는 기차 중에서도 승객이 잠까지 잘 수 있는 고급 기차를 만드는 회사였습니다. 애거서 크리스티의 추리 소설 제목에도 등장하는 '오리엔트 특급' 역시 이 회사의 소유였습니다.

쿡과 여행 산업의 등장은 18세기에 시작된 산업화가 어떻게 사

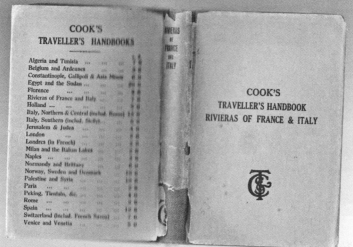

금주 운동을 지지하는 석판화: 〈술주정뱅이의 여정: 첫 잔부터 무덤까지〉(위)
토머스 쿡에서 발행한 여행자를 위한 핸드북(아래)

회 곳곳을 바꾸어놓았는지 잘 보여줍니다. 철도의 등장과 함께 다른 도시로의 여행은 물론이고 이전에는 상상조차 할 수 없었던 세계여행이 가능해졌습니다. 영국에서는 극소수의 상류층만이 아니라 중산층까지도 해외여행으로 견문을 넓힐 수 있었고 이는 영국 문화의 발전에 큰 영향을 미쳤습니다. 또한 그 과정에서 이전에는 경제와 상관없던 귀족의 여행이 이제는 하나의 산업 분야로 독립했으며, 머지않아 여행과 관광은 여러 국가의 경제성장에 핵심 역할을 하게 됐습니다.

이런 점에서 산업화 이후 여행 산업의 발전은 서로 독립적이던 문화와 경제가 점점 밀접한 관계를 맺기 시작했다는 것을 보여줍니다. 또한 문화와 경제의 관련성은 한 국가 단위를 초월하는 국제적인 성격을 띠게 되었습니다. 산업화의 영향으로 전 세계의 나라들이 경제적으로뿐만 아니라 문화적으로도 더 밀접한 관계를 맺게 되었던 것입니다.

# 3    19세기 파리와 오늘의 파리는
전혀 다른 도시?

21세기에 프랑스 파리를 여행하는 사람이라면 쭉 뻗은 건물과 잘 정리된 도시의 블록에서 깊은 인상을 받기 마련입니다. 전통적인 양식으로 지어진 파리의 건물들은 마치 파리의 긴 역사를 자랑하는 것처럼 보이기도 합니다. 사실 파리의 모습은 19세기 초까지만 해도 지금의 모습과 달랐습니다. 19세기 초 파리에서는 좁은 건물에 많은 사람이 모여 살았고 이로 인해 각종 전염병이 수시로 돌았습니다. 건물이 중구난방 지어져 있어서 기본적인 채광조차 잘 이루어지지 않았습니다. 대표적인 계몽주의 지식인으로 꼽히는 볼테르 역시 파리의 복잡한 건물들이 청결하지 못하고 각종 질병을 퍼뜨리는 혼란의 주범이라고 지적했습니다. 이런 혼란은 19세기 초 프랑스에서 산업화가 시작되면서 가중되었고 프랑스 정부는 점차 파리를 대대적으로 재정비할 필요성을 느꼈습니다.

프랑스 정부는 무엇보다 각종 시위대가 이용하는 좁은 도로들을 정비하고 싶어 했습니다. 1789년의 프랑스 혁명뿐만 아니라 1848년의 각종 혁명들에 이르기까지 파리 시민들은 좁은 도로를 막고 바리케이드를 쌓으며 정부에 저항했습니다. 파리의 복잡한 도시 구조가 시위대에게 유리하다는 사실을 정부도 진작에 인식하고 있었기 때문에 파리의 구조를 바꾸려는 시도가 있었습니다. 유배된 세인트헬레나에서 쓴 일기에서 나폴레옹 보나파르트는 "나에게 20년의 시간만 더 있었다면 사람들은 이전 파리시의 흔적도 찾지 못했을 것"이라고 쓰기도 했죠. 나폴레옹도 파리시를 전면적으로 재정비할 생각이 있었던 것입니다.

나폴레옹이 실현하지 못한 파리 재정비 계획은 그가 실권하고 몇십 년 후에 그의 조카가 실현하게 됩니다. 1848년 프랑스 최초의 직선제 대통령 선거에서 나폴레옹의 조카 나폴레옹 3세가 당선되었습니다. 첫 번째 임기를 마친 그는 재선에 도전하고 싶었지만 당시 프랑스 헌법은 재선을 허용하지 않았습니다. 결국 그는 1851년 쿠데타를 일으키고 다음 해에 스스로 황제가 되었습니다. 황제 즉위 후 그가 가장 먼저 한 일 중 하나는 파리시를 재정비하는 것이었습니다.

그는 이 일을 맡길 적임자를 찾기 위해 여러 인물을 면접했습니다. 그리고 자신의 계획을 당당하게 밝힌 조르주 외젠 오스만에게 매료되었습니다. 1809년에 태어난 오스만은 법학을 공부하고 공무

원 생활을 시작했습니다. 그는 능력을 인정받았음에도 종종 상관 앞에서 의견을 굽히지 않는 등 오만하다는 이유로 번번이 승진에서 탈락했습니다. 그러나 오스만은 그런 성격 덕분에 황제 앞에서도 자신의 계획을 당당히 말할 수 있었고 결국 프랑스 수도 파리를 재정비하는 막중한 임무를 맡게 되었습니다.

## 파리 대개조 프로젝트

나폴레옹 3세는 오스만에게 파리시의 공간을 넓히고 도시를 통일성 있으면서도 아름답게 만들라는 지침을 내렸습니다. 황제로부터 파리를 전면적으로 재정비하라는 중요한 임무를 부여받은 오스만은 가장 먼저 도로를 넓혀서 교통을 원활하게 했습니다.

다음의 사진은 오스만이 최초로 재정비한 리볼리 도로를 보여줍니다. 이전의 파리 도로와 비교하면 확연하게 넓어진 모습입니다. 리볼리 도로는 이후 계속되는 파리시 재정비에서 일종의 모범 사례로 남게 됩니다. 리볼리 도로처럼 폭을 넓히기 위해서는 주위의 건물과 주택을 철거하는 등 막대한 비용이 들었습니다. 하지만 오스만은 황제인 나폴레옹 3세의 신임을 받고 있었기 때문에 자신의 계획을 거침없이 밀어붙일 수 있었습니다.

리볼리 도로를 성공적으로 정비한 오스만은 더욱 야심찬 계획

오스만의 도시 재정비 전후의 리볼리 도로

을 구상했습니다. 파리시의 주요 장소들을 리볼리 도로와 같은 큰 도로들로 서로 연결한다는 계획이었습니다. 특히 당시 지어진 지 얼마 안 된 기차역까지 도로를 연결하는 것이 주요 과제 중 하나였습니다. 오스만은 재정비한 도로 인근에 기존의 주택이나 시설 대신 각종 공공기관이 들어서게 했습니다. 재정비 이전과 비교하면 도로가 확장되고 도로 주위에 작은 건물들이 사라진 것을 확인할 수 있습니다. 오늘날 파리의 큰길 주위에 있는 웅장한 건물들은 대부분 오스만의 재정비 당시에 지어진 것들입니다.

한편 나폴레옹 3세는 1860년에 파리시의 교외 지역을 파리시에 통합한다는 중요한 결정을 내렸습니다. 이 결정으로 파리시는 면적이 2배 확장되었을 뿐만 아니라 인구 또한 40만에서 160만으로 크게 늘었습니다. 나폴레옹 3세가 이런 결정을 하게 되면서 오스만은 더욱 무거운 짐을 짊어지게 됩니다. 나폴레옹 3세가 확장된 파리시의 도로를 재정비하고 건물을 짓는 것에 만족하지 않고 새로 확보된 공간에 공원을 만들고 싶어 했기 때문이죠. 현재 파리시 외곽에 있는 많은 공원이 이 무렵 조성됐습니다. 또한 오스만은 파리의 지하에 있던 오래된 수도관과 하수관을 당시의 파리 실정에 맞게 재정비하기도 했습니다.

하지만 오스만은 임무를 끝까지 완수하지 못했습니다. 나폴레옹 3세에 대한 프랑스, 특히 파리 시민의 지지가 점점 떨어진 것이 주요 원인이었습니다. 결국 1869년 총선에서 나폴레옹 3세에 반대

카미유 피사로가 그린 〈겨울의 아침, 햇살에 비춘 오페라 거리〉

하는 공화국 지지 세력이 압승을 거두었습니다. 선거 결과에 따라 나폴레옹 3세는 어쩔 수 없이 야당 지도자였던 에밀 올리비에에게 총리직을 맡기게 됩니다. 문제는 올리비에가 이전부터 오스만의 도시 재정비에 극렬하게 반대했다는 점이었습니다. 올리비에는 재정비 비용과 재정비에 따르는 사회문제를 반대 이유로 들었지요. 1870년 1월 나폴레옹 3세는 야당의 요구에 따라 오스만에게 사임을 권유하고 정국 안정을 위해 오스만을 해임하기에 이릅니다.

나폴레옹 3세의 반대 세력이 단순히 소모적인 당파 싸움을 위해서 오스만과 그의 도시 재정비 계획을 극렬하게 비판한 것은 아니었습니다. 그들이 오스만을 비판한 이유는 실제로 20년에 걸친 도시 공사에 피로감을 느끼는 시민이 상당히 많았기 때문이었습니다. 오스만의 공사가 역사의 흐름에 따라 자연스럽게 형성되어온 파리의 모습을 훼손한다고 비판하는 사람들도 있었습니다. 넓어진 도로가 군사 작전을 용이하게 한다는 점도 중요한 비판의 이유였죠. 오스만의 개혁 이후에는 도로 점거가 힘들었다는 점도 비판의 대상이 되었습니다. 시민들이 좁은 도로를 점거하고 각종 시위를 벌이며 혁명을 한 역사가 있는 나라였기 때문이죠. 오스만의 비판 세력은 도시 재정비에 숨어 있는 정치적 의도를 의심했고 오스만 역시 굳이 이를 부인하지 않았습니다. 그뿐만 아니라 도시 정비 과정에서 집을 잃게 된 일부 시민의 반발도 매우 컸습니다. 결국 오스만이 자신의 임무를 끝내지 못한 데에는 단순한 정파 싸움보다 더 근본적인 사회적 이유가 있었던 셈입니다.

오스만이 나폴레옹 3세의 명령으로 파리시를 재정비했다는 사실은 우리가 흔히 생각하는 것과는 달리 파리가 오랜 역사 속에서 자연스럽게 형성되어온 모습 그대로를 간직한 도시가 아니라는 점을 보여줍니다. 영국의 유명한 역사학자 에릭 홉스봄은 "만들어진 전통"이라는 개념을 제시한 적이 있는데요. 홉스봄은 "만들어진 전통"이라는 개념을 통해 이른바 '전통'이라는 것들의 역사적 배경을 따라 올라가다 보면 사실 매우 최근에야 시작된 것들이 많다는 점을 꼬집었습니다. 게다가 많은 전통이 단순히 최근에 시작되었을 뿐만 아니라 때로는 19세기 민족국가 정부에 의해 의도적으로 만들어졌다는 점을 밝혀냈습니다. 오스만의 파리 재정비 이야기는 민족국가 프랑스의 상징이나 다름없는 파리 또한 19세기에야 지금과 같은 모습을 갖췄다는 점을 보여줍니다. 파리는 일종의 '만들어진 도시'인 것입니다.

# 4 1602년 암스테르담에도 주식 광풍이 불었다고?

"오늘날 낯선 사람을 암스테르담 거리로 데려간 다음 그에게 지금 어디에 있는 것 같으냐고 물어본다면 그는 틀림없이 '투기꾼들 사이에 있다'고 대답할 것이다. 암스테르담에는 주식 이야기를 하지 않는 거리가 없기 때문이다."

"거래는 악수를 통해 이뤄지고 악수 뒤에는 고함이, 고함 뒤에는 모욕이, 모욕 뒤에는 더 많은 모욕과 고함이 뒤따른다."

1688년 암스테르담 풍경에 대한 기록입니다. 그런데 1688년 이 기록이 남겨지기 전에도 이미 암스테르담에는 80년이 넘는 주식시장의 역사가 있었습니다. 네덜란드와 세계 최초의 주식시장은 1602년 네덜란드 동인도회사와 함께 시작되었습니다.

1602년 네덜란드 동인도회사의 책임자 중 한 명인 더크 반 오스의 자택에서는 회의가 한창이었습니다. 이날은 투자자들이 동인도회사에 투자할지 말지를 결정하는 날이었습니다. 회사의 회계 직원들은 지난 몇 주간 투자를 밝힌 사람들의 이름과 투자 금액을 부지런히 장부에 기입하고 있었습니다. 그들이 정신없이 투자자 명단을 정리하고 있을 무렵 더크 반 오스의 집에서 일하는 하녀가 그에게 다가왔습니다. 하녀는 며칠 동안 갈팡질팡 고민을 거듭한 끝에 100휠던(하루 일당은 50센트였습니다), 즉 200일의 임금을 동인도회사에 투자하고 싶다고 밝혔습니다. 하녀는 지금 투자하지 않으면 평생 후회할 것 같다고 덧붙이면서요. 하녀와 함께 총 1143명의 투자자가 650만 휠던, 오늘날의 화폐 가치로는 한화 1500억에 해당하는 네덜란드 동인도회사의 첫 사업 자금을 조달했습니다.

사실 회사에서 직접 일하지 않는 사람이 자기 돈을 회사에 투자하는 방식은 비록 원시적인 형태이긴 하지만 이미 유럽의 중세부터 있었습니다. 1602년 네덜란드 동인도회사의 사례에서 새로웠던 점은 따로 있습니다. 네덜란드 동인도회사의 투자자는 마치 오늘날의 주식시장처럼 자신이 투자한 지분에 대해 다시 거래를 할 수 있었습니다.

이런 거래가 가능했던 이유는 동인도회사의 미래가 불투명했기 때문입니다. 1000명이 넘는 사람으로부터 큰돈을 모아 회사가 출범했지만 이 회사가 제대로 수익을 거둘 수 있을지, 더 구체적으로는 이 회사가 투자금으로 무엇을 할지조차 정확히 알려지지 않은 상황이었습니다. 게다가 오늘날과는 다르게 회사에 투자한 주주가

1611년 최초의 암스테르담 주식 거래소.
설계자의 이름을 따서 '헨드릭 드 케이저 거래소'라고도 불린다.

회사의 운영에 어떻게 영향을 미칠 수 있는지조차 정확하게 규정되지 않았습니다. 네덜란드 동인도회사에 대한 투자는 사실 스페인으로부터 독립을 시도하고 있던 네덜란드 그 자체에 대한 투자였습니다. 그러니까 순수하게 네덜란드 동인도회사의 미래에 투자하는 사람도 있었지만 그보다는 막연하게 회사의 미래와 네덜란드의 미래를 동일시하며 투자한 사람도 있었던 것입니다.

## 최초의 주식 거래 대리인

네덜란드 동인도회사는 일단 20여 년 후인 1623년까지 아시아에서 무역 활동을 하고 사업을 종료할 예정이었습니다. 투자자에 대한 보상은 1623년 사업을 종료한 후에 지급될 예정이었습니다. 실제로 네덜란드 동인도회사는 200년 가까이 지속되었지만 1602년을 살던 투자자들에게는 20년도 충분히 긴 시간이었습니다. 그래서 동인도회사는 10년 후인 1612년에 중간 보고를 하고 이때 회사의 사업에 만족하지 못한 사람은 투자금을 회수할 수 있도록 규정을 정했습니다.

그런데 10년조차 너무 길다고 느낀 투자자가 많았습니다. 이들의 불만을 받아들인 회사 측은 "회사의 회계 책임자의 관할하에 지분의 양도와 명의 변경이 가능하다"는 규정을 만들었습니다. 이에 따라 오늘날의 주식시장처럼 회사의 지분을 지속적으로 사고 팔 수 있게 됐습니다. 약 1년 후인 1603년 4월 3일 한 투자자가 자신이 투자한 3000휠던의 지분을 약 6퍼센트의 웃돈을 주고 판매한 것이 최초의 거래로 기록되어 있습니다. 이때는 아직 회사의 지분이 '주'라는 단위로 나뉘어 있지 않았기 때문에 거래를 위해서는 최초의 가격을 100으로 설정한 지수가 활용되었습니다. 이 투자자가 자신의 지분 3000휠던을 팔 때는 대략 106의 지수로 거래가 이뤄지고 있었고, 따라서 그는 6퍼센트의 이득을 볼 수 있었습니다.

그러나 인터넷을 통해 몇 초 만에 거래가 뚝딱 이루어지는 현재와는 다르게 17세기 초반에는 지분 거래를 위해 상당히 수고로운 과정을 거쳐야 했습니다. 회사 규정에 붙어 있는 "회사의 회계 책임자의 관할하에"라는 조건이 보여주듯이 회사의 지분을 사고팔기 위해서는 지분을 사려는 자와 팔려는 자가 암스테르담에 있는 동인도회사로 함께 가서 회사의 책임자 앞에서 기록을 남겨야 했습니다. 게다가 지분을 가지고 있는 사람은 어떠한 증명서 없이 오직 회사 장부에만 이름이 올라 있어야 했습니다.

그런데 이렇게 매번 동인도회사에 직접 가서 거래를 해야 한다는 것은 많은 사람에게 큰 불편으로 다가왔습니다. 암스테르담에서 조금 떨어진 레이던에 살던 앙투안느 랭페러라는 인물 역시 마찬가지였습니다. 그래서 그는 암스테르담에 살던 자신의 조카에게 일종의 중개인 역할을 맡겼습니다. 1608년 동인도회사에 관심을 가진 랭페러는 암스테르담의 조카에게 회사에 대한 정보를 알아봐달라고 부탁했고 조카는 이 부탁을 기쁘게 받아들였습니다. 물론 조카도 단순히 친척 어른을 위한 호의만으로 이 부탁을 받아들이지는 않았습니다. 오늘날의 중개인과 유사하게 랭페러의 조카 역시 거래가 이루어질 경우 삼촌에게서 일정 비율의 수수료를 받을 수 있을 거라고 기대했습니다.

이런 기대는 조카가 삼촌에게 보낸 일련의 편지에서도 확인됩니다. 삼촌이 실제로 회사의 지분을 사야만 수수료를 받을 수 있기

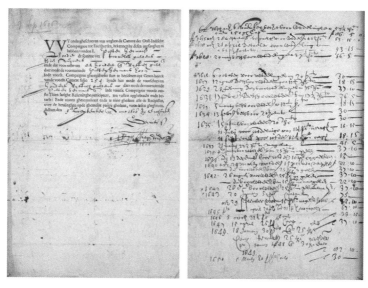

네덜란드 동인도회사의 주식 증명서(분할금 영수증(왼쪽), 배당금 지급 내역(오른쪽))

에 조카는 끊임없이 매수를 추천했습니다. 1608년 12월 10일에 조카는 지금 "가격이 낮으며, 많은 사람이 매수할 기회를 노리고 있습니다"라고 편지에 적었습니다. 그러나 오늘날과 마찬가지로 삼촌이 손해를 볼 경우에 대비해서 거래의 최종 책임은 삼촌 자신에게 있음을 명시하는 것 역시 잊지 않았습니다. 매수를 추천하긴 했지만 "그러나 가격이 정확히 어떻게 될지는 시간만이 답해줄 것입니다"라는 표현을 덧붙였습니다.

이어지는 몇 달간의 편지에도 "제 의견으로는 지금 매수를 하는 것이 결코 손해가 아닙니다. 주식 가겨은 계속 급격히 오를 것입니다", "만약 매수를 고려하고 계신다면 지금이 바로 기회입니다. 가격이 떨어질 일은 없습니다. 그보다는 급격히 오를 확률이 높아 보입니다. 시간이 말해주겠지만, 지금 지수는 132에서 133 사이입니다"라고 말하며 삼촌의 매수를 종용했습니다.

결국 랭페러는 조카의 말에 설득당해 당시의 지수 134보다는 낮은 매수가에 3000휠던어치의 회사 지분을 사라는 지시를 내렸습니다. 조카는 130의 지수에 거래를 성사시켰고 30휠던, 즉 1퍼센트의 수수료를 삼촌에게 받았습니다.

이후 랭페러는 네덜란드 동인도회사의 주식 가격이 미래에 오를지 내릴지에 대한 정보를 끊임없이 조카에게 요구했습니다. 앞서 나온 편지의 내용에서도 유추할 수 있듯이 랭페러 본인은 물론 그의 조카도 매수 전까지는 장차 가격이 오를 것 같다는 예측만 했을 뿐, 네덜란드 동인도회사가 미래에 어떤 방식으로 큰 수익을 거둘 것인지, 그리고 왜 주식 가격이 오를 것인지에 대해서는 심도 깊은 이야기를 나누지 않았습니다.

조카는 한동안 암스테르담의 시장거리에 돌아다니는 각종 정보를 삼촌에게 열심히 보고했습니다. 그중에는 머지않아 네덜란드와 스페인의 휴전이 이뤄질 것이라는 소문도 포함되었습니다. 일반적인 경우 전쟁은 악재, 종전과 휴전은 호재였지만 네덜란드 동인도회사의 경우에는 조금 달랐습니다. 이는 1494년 스페인과 포르투갈이 대서양과 태평양에 그은 선을 중심으로 서쪽과 동쪽을 일방적으로 나눠 가진 토르데시야스 조약 때문이었습니다. 스페인과 전쟁 중일 때는 네덜란드가 이 조약을 무시할 수 있었지만 휴전이 이뤄질 경우 휴전 조건에 따라 네덜란드 동인도회사의 무역 자체가 제한을 받을 수도 있었습니다.

결국 랭페러는 동방에서의 무역이 잘되고 있는지, 휴전은 어떻게 진행되고 있는지 등을 계속 조카에게 물었습니다. 처음에는 열심히 정보를 구해주던 랭페러의 조카는 시간이 지나면서 점차 딴청을 부렸습니다. 추가 매수나 매도 없이 정보만 계속 요구하는 것은 추가적인 수수료도 벌지 못하고 수고만 계속해야 한다는 뜻이었기 때문입니다. "동방과의 무역에 관해 제가 드릴 수 있는 것보다 너무나 많은 정보를 요구하시는군요"라는 편지 내용에서 거래 전과 달라진 조카의 태도가 읽힙니다.

한편 동인도회사에 투자한 대부분의 주주는 주가 상승 외에도 회사에서 나올 배당금에 큰 기대를 가지고 있었습니다. 사실 초기 투자금을 모을 때만 해도 동방과의 무역에서 투자금의 5퍼센트가 넘는 금액에 해당하는 상품을 실어왔을 경우에는 주주들에게 배당금을 지급해야 한다고 회사 규정에 명시되어 있었습니다. 그러나 막상 무역이 시작되자 회사는 수익을 재투자해야 한다는 명분으로 배당금 지급을 차일피일 미뤘습니다. 오늘날에는 회사가 수익 일부를 배당금으로 지급하지 않고 회사의 미래를 위해 재투자하는 것이 꼭 부정적으로 받아들여지는 것은 아니지만 주식시장

암스테르담 주식 거래소의 일상

이 막 발전하기 시작한 17세기 초에는 배당금 지급이 미뤄지는 것은 주주에게 큰 골칫거리였습니다. 회사가 사업을 제대로 하고 있는지, 투자금을 어디에 쓰고 있는지 등이 정확히 발표되지 않았기 때문입니다.

주주들의 불만에 네덜란드 동인도회사는 최초의 투자가 이뤄지고 7년여가 지난 1609년 4월 처음으로 배당금 지급을 발표했습니다. 그러나 이때도 한 가지 문제점이 있었습니다. 동인도회사가 배당금을 현금이 아닌 현물, 즉 회사가 무역을 통해 들여온 향신료인

육두구로 지급한 것입니다. 동인도회사의 주주는 배당금으로 당장 육두구를 받거나 기약이 없는 미래에 현금을 받거나, 둘 중 하나를 선택할 수 있었습니다. 이로 인해 주주들의 걱정이 늘어났습니다. 네덜란드 동인도회사보다 먼저 후추로 배당금을 지급한 회사가 있었는데 주주들이 후추를 시장에 내놓으면서 일시적으로 후추 가격이 크게 떨어졌고 결국 주주들이 원래 받아야 하는 배당금보다 훨씬 적은 액수에 만족해야 했던 사례가 있었기 때문입니다. 랭페러 역시 이런 사례를 알고 있었기 때문에 두 가지 선택지 중 어느 것을 고를지 고민했습니다. 물론 그의 조카는 육두구를 받을 것을 권했습니다. 육두구를 삼촌 대신 판매해주고 수수료를 받을 생각이었죠. 그러나 랭페러는 미래에 현금으로 배당금을 받기로 했습니다. 랭페러의 조카가 1612년에 사망했기 때문에 이후 랭페러가 어떤 가격에 주식을 판매했는지 기록은 남아 있지 않다고 합니다.

## 공매도에 분노한 17세기 개미들

한편 암스테르담에서는 각종 옵션, 선물, 일반적인 공매도는 물론 무차입 공매도까지 현재도 쓰이는 온갖 금융상품들도 함께 등장했습니다. 21세기와 마찬가지로 17세기 초의 일반적인 암스테르담 시민들도 종종 자신들이 좀처럼 이해할 수 없는 새로운 금융상품에 분노했죠.

　일반 시민이 직관적으로 이해하지 못하는 여러 금융상품은 역설적으로 일반 시민이 주식을 거래하기 너무 불편했기 때문에 등장했습니다. 앞서 언급한 것처럼 암스테르담 시민들은 주식을 거래하기 위해 직접 동인도회사에 가야 한다는 점을 불편하게 생각했습니다. "회사의 회계 책임자의 관할하에 지분의 양도와 명의 변경이 가능하다"는 규정에 따르면 네덜란드 동인도회사의 지분을 가지고 있는 a가 b에게 주식을 팔기 위해서는 a와 b 모두 동인도회사로 가서 직원 앞에서 거래 문서에 서명해야 했습니다. 거래 당사자가 모두 서명을 하고 나면 회계를 맡은 직원은 이를 확인하고 자신의 상사에게 서명을 받은 다음 주주 명단에 새로운 주주 b의 이름을 올렸습니다. 바쁜 시민들은 주식을 거래하기 위해 매번 동인도회사에 가야 하는 것에 큰 불만을 느꼈습니다.

　일부 암스테르담 시민은 이런 불편을 해소할 독자적인 방법을 생각해냈습니다. 이들은 몇십 년 전부터 암스테르담에서 이뤄진 농작물 선물 거래에서 영감을 받았습니다. 농작물 선물 거래는 거래 당사자들이 수확 전에 농작물을 특정 가격에 거래하기로 미리 약속하는 형태로 이뤄졌습니다. 이럴 경우 이후 실제 수확량에 따라 손해 보는 사람과 이득을 보는 사람이 생겨나기 마련이었습니다.

　이런 방식을 동인도회사의 주식에도 적용해서 기존 주주 a는 미래의 주주 b에게 1년 후에 특정 가격에 주식을 파는 거래를 합니다. 예를 들어 b가 현재 시점에 100의 가격으로 거래가 이뤄지고 있는 주식을 a로부터 1년 후 110의 가격에 사기로 했다고 가정해 볼게요. 이럴 경우 당장 주식 양도가 이뤄지는 것은 아니기 때문에 두 사람은 불편하게 동인도회사까지 직접 갈 필요가 없었습니다. 1년 후에 동인도회사의 주식이 110보다 높거나 낮은 가격에 거래되고 있다면 두 사람은 어떻게 했을까요? 이들은 함께 동인도회사에 가서 주식 양도를 진행할 수도 있지만 이런 불편한 과정을 생략하고 간단하게 미리 약속한 110과 실제 가격의 차이만큼 금액을 지불하고 거래를 끝낼 수도 있었습니다. 이럴 경우 매번 동인도회사에 가서 직원을 불러내고 서명을 받는 긴 과정을 생략할 수 있었습니다. 1년 후의 가격으로 미리 거래할 경우 기준은 거래하는 사람에 따라 달랐지만 일반적으로 당시의 1년 금리인 7.5퍼센트였다고 합니다. 즉 현재 가격이 100이라면 1년 후의 가격은 107.5일 것으로 가정하고 이를 바탕으로 회사의 전망을 판단하여 거래 당사자가 가격을 설정하는 것입니다. 문제는 이런 거래 방식을 기발하게 이용하여 큰 이익을 남기는 사람들이 등장하면서 시작되었습니다.

네덜란드 동인도회사에서 1605년까지 고위 간부로 일하다가 퇴직한 아이작 르 메르가 주도적인 역할을 했는데요. 르 메르는 퇴직을 하는 과정에서 동료 직원들과 분쟁을 겪었고 그 결과 회사 및 직원들과 각종 법정 싸움을 벌이게 되었습니다. 자신이 가지고 있던 동인도회사 주식에 대한 거래까지 정지당했죠. 몇 년 후 전 직장에 대한 불만이 극에 달한 르 메르는 동인도회사를 곤경에 빠뜨릴 한 가지 방법을 생각해냈습니다. 그는 자신과 함께 작업할 동료 아홉 명을 구한 다음 동인도회사의 주식을 앞에서 말한 방식으로 대량 매도하기 시작했습니다. 주식을 팔려는 사람이 많아지자 가격은 자연스럽게 떨어졌습니다.

게다가 르 메르는 동인도회사의 고위 간부였기 때문에 회사의 운영에 관한 안 좋은 소식을 많이 알고 있었습니다. 그는 전면에 직접 나서지는 않고 자신과 함께하는 동료들에게 회사의 악재를 퍼뜨리게 했습니다. 르 메르가 동인도회사와 소송을 하고 있다는 사실은 이미 알려져 있었기 때문에 자신이 직접 이런 이야기를 하고 다닐 경우 신뢰도가 떨어질 것이라고 판단했던 것입니다. 대량의 매도와 회사에 대한 부정적인 소문까지 퍼지면서 동인도회사의 주가는 떨어졌습니다. 이에 따라 르 메르와 그의 동료들은 1년 후에 미리 약속한 가격과 실제로는 이보다 훨씬 떨어진 가격의 차익만큼 이익을 거둘 수 있었습니다.

문제는 앞에서 설명한 거래 방식은 어디까지나 주식을 매도하는 사람이 실제로 보유한 주식을 토대로 이뤄진 것이었던 반면 르 메르 일당은 자신들이 가지고 있는 동인도회사 주식 지분보다 훨씬 많은 양의 주식을 이런 식으로 매도한 다음 1년 후에 떨어진 가격으로 주식을 사서 이를 메웠다는 것이었습니다. 이른바 무차입 공매도가 시작된 순간이었습니다.

르 메르의 전략은 동인도회사의 경영진을 아주 곤혹스럽게 했습니다. 규정상 회사의 고위 간부들은 최소한 6000휠던이라는 큰 돈을 회사에 직접 투자하고 있어야 했기 때문에 주가가 폭락할 경우 재산상 큰 손해를 봐야 했습니다. 당시 50센트였던 하녀의 일당으로 계산하면 6000휠던은 1만 2000일, 대략 32년에 해당하는 임금이었습니다. 결국 동인도회사 간부들은 시당국에 주식에 대한 선물 거래를 금지하고 모든 거래를 회사에서 직접 관리할 수 있도록 규정을 만들어달라고 했습니다. 그런데 사실 르 메르에 대한 분노가 가장 컸던 것은 동인도회사에 소소하게 투자하고 있던 암스테르담의 일반 시민이었습니다. 시민들은 르 메르에게 분노하면서도 회사의 해결책을 반기지는 않았습니다. 회사의 요구가 관철될 경우 주식을 거래하기 위해 이전처럼 매번 동인도회사에 가야 된다는 것, 그리고 누가 어떤 거래를 했는지 회사가 모두 알 수 있다는 것이 시민들의 주된 불만이었습니다.

한편 동인도회사의 간부들이 무차입 공매도에 대한 대책을 논의하고 있을 때 르 메르는 자신을 변호하기 위해 최선을 다하고 있었습니다. 그의 논지는 비교적 간단했습니다. 르 메르에 따르면 회사의 주가가 떨어진 것은 자신 때문이 아니라 실제로 회사의 운영이 잘못되었기 때문이었습니다. 그는 동인도회사가 예상에 미치지 못하는 수익을 내고 있다면서 무역 중에 좌초된 배들도 많고 이를

**최초로 무차입 공매도를 시도한 아이작 르 메르**

대체하기 위한 배의 건조도 더디다고 꼬집었습니다. 르 메르에 따르면 동인도회사는 이런 악재들로 인해 어차피 떨어질 주가에 대한 책임을 그에게 돌리고 있는 것이었습니다. 이런 항변에도 동인도회사는 물론 대부분의 시민도 르 메르의 무차입 공매도에 대한 분노가 극에 달했기 때문에 결국 1610년 2월 27일 네덜란드 법원은 무차입 공매도를 금지하기에 이릅니다.

르 메르와 그의 동료들은 더 이상 이전의 전략을 이어갈 수 없다는 것 외에도 당장의 걱정 한 가지를 해결해야 했습니다. 바로 1년

이내의 기간에 자신들이 맺었던, 아직 처리되지 않은 거래들이었습니다. 이제 그들의 계획이 모두 들통나면서 아무도 그들이 퍼뜨리는 악재를 믿지 않았습니다. 재판 이후 동인도회사의 주가가 다시 오르면서 아직 보유하지도 않은 주식을 판매했던 이들은 어떻게든 주식을 사서 이를 갚아야 하는 곤경에 빠지게 됩니다.

## 주주의 권리를 보호하라

르 메르의 무차입 공매도는 많은 폐해를 남긴 채 네덜란드에서 금지되었지만 그럼에도 한 가지 긍정적인 영향을 남겼습니다. 회사 운영에 관한 일반 투자자의 비판적 관심의 필요성을 모두가 깨달았다는 것입니다. 르 메르가 자신을 변호하는 과정에서 동인도회사의 잘못된 운영을 지적하면서 많은 사람이 회사를 감시해야할 필요성에 공감했습니다. 물론 17세기 초까지는 아직 주주의 권한에 관한 규정이 없었기 때문에 이들의 목소리는 많은 경우 회사로부터 무시당했습니다.

일반 투자자는 동인도회사가 동방 지역에서 무역보다는 군사활동에 지나치게 집중한다는 점에 불만이 많았습니다. 물론 동인도회사에는 나름의 이유가 있었습니다. 동인도회사는 네덜란드 정부의 승인하에 동방에서 네덜란드의 이익을 추구한다는 목적으로 탄생한 회사였습니다. 따라서 정부 관료들은 동인도회사가 동방에서 회사의 이익 이전에 네덜란드 전체의 이익을 추구하기를 바랐습니다. 동인도회사가 무역에 필요한 정도 이상으로 무기나 군사 활동에 돈을 투자한 것도 이런 나름의 이유 때문이었습니다. 자신의 돈을 투자한 일반 시민의 입장에서는 이에 대한 불만이 계속 커질 수밖에 없었죠.

한편 시간이 지나면서 일반 주주들 사이에는 회사의 직원들이 자신들만 알고 있는 정보로 돈을 벌고 있다는 소문이 돌았습니다. 당시 시민들이 유포했던 소책자를 보면 "회사의 직원들은 동방에서 들어오는 소식 중 주가와 관련된 것들을 자신들만 알고 있다가 자신들의 이익을 위해 활용한다"는 대목이 있습니다. 이로써 내부자 거래가 부당하다는 인식이 생겼고 일부 시민들은 회사에 편지를 보내 회사의 운영에 대한 개선책을 공식적으로 제안하기도 합니다. 고위 간부의 임기에 제한을 두어야 한다거나 주주가 일부 간부를 선출해야 한다는 주장도 제기되었습니다. 그중에는 실제로 받아들여진 것도 있었습니다. 주주가 선출한 대표자가 주기적으로 회사의 회계 장부를 들여다볼 수 있어야 한다는 주장이었습니다. 17세기 초까지만 해도 회사가 실적을 발표하거나 회계 상황을 공개할 의무가 없었다는 점을 생각하면 이는 주주의 권리 보호와 관련된 중요한 발전이었습니다. 물론 모든 주주가 회계 장부를 볼 수 있는 것은 아니었기 때문에 회사 측이 주주 대표를 포섭해서 회계 정보를 숨기는 경우도 심심치 않게 발생했습니다.

이렇게 여러 우여곡절 끝에 17세기 초 암스테르담에서는 현대 주식시장의 원형이 갖춰졌습니다. 일반 시민이 자신의 돈을 회사에 투자하여 그 수익을 나눠 갖는다는 생각은 혁명적인 발상이었습니다. 근대적인 금융 제도의 발전과 함께 인간의 탐욕에 기초한 자본주의 질서가 발전했고 이는 18세기의 산업화와 함께 근대 경제 질서의 뿌리를 이루게 됩니다.

# 5 인류 최초의 백신은 소젖을 짜다 발견됐다?

2020년 코로나19 팬데믹이 전 세계를 강타하면서 백신에 대한 관심이 급증했습니다. 코로나19 백신뿐만 아니라 백신의 일반적인 역사에 대한 관심 역시 높아졌습니다.

백신의 역사를 알기 위해서는 우선 현재는 완전히 퇴치된 질병 중 하나에 대해서 알아봐야 합니다. 바로 천연두입니다. 1980년 세계보건기구는 천연두가 완전히 퇴치되었다고 선언했고 이후 더는 천연두 환자가 나오지 않았습니다. 하지만 천연두는 퇴치 이전까지 수억 명의 사망자를 낳은 치명적인 질병이었습니다. 천연두에 걸리면 얼굴과 몸에 수백 개의 수포가 생겼고 이후 살아남더라도 일명 '마맛자국'이라 불리는 흉터가 평생 남는 경우가 흔했습니다.

기원전 1100년경 중국에서 천연두에 의해 사망한 흔적이 발견될 정도로 천연두는 오랫동안 인류와 함께한 질병이었습니다. 아시아를 중심으로 발병한 천연두는 기원후 1000년경 유럽에도 도착합니다. 이 병에 대한 면역력이 없었던 유럽인은 치명적인 피해를 입었습니다. 1241년 덴마크의 한 선박에 의해 아이슬란드에 전파된 천연두는 몇 주 만에 2만 명의 생명을 앗아가기도 했죠. 당시 아이슬란드 전체 인구의 40퍼센트에 달하는 숫자였습니다.

이렇게 유럽에 퍼진 천연두는 이후 유럽인이 오늘날의 아메리카 대륙에 진출하면서 더욱 궤멸적인 피해를 남겼습니다. 일부 학자는 오늘날의 멕시코 지역에 살던 당시 2500만 명의 인구 가운데 1800만 명이 유럽인에 의해 전파된 천연두로 사망한 것으로 추정합니다. 아메리카 원주민이 천연두에 대한 면역력이 없다는 사실을 유럽인이 전략적으로 이용한 경우도 있었습니다. 1763년 북아메리카의 영국 식민지들이 독립하기 이전 영국군 장군들은 원주민을 몰아내기 위해 천연두 환자가 덮었던 이불을 원주민이 이용하도록 작전을 세웠습니다. 근대 화학이 발전하기 이전의 화학전을 벌인 셈입니다.

천연두는 18세기까지 유럽 대륙에서 맹위를 떨쳤습니다. 18세기 동안 독일에서는 매년 7만 명 정도의 어린아이가 천연두로 목숨을 잃은 것으로 추정되고, 유럽 전체에서는 약 2000만 명 이상이 사망한 것으로 보입니다. 프랑스에서는 루이 15세가 사망했을 정도로 천연두는 신분을 가리지 않고 인명 피해를 끼쳤습니다.

천연두가 계속해서 수많은 사람의 목숨을 빼앗아가는 동안 다

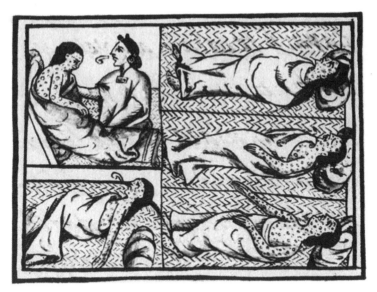

스페인의 멕시코 정복 이후 천연두로 고통받는 원주민을 묘사한 그림

른 한편에서는 천연두에서 벗어날 방법을 고민하는 이들이 있었습니다. 1717년 오스만제국에 영국 대사로 파견된 남편을 따라 콘스탄티노플에 도착한 메리 몬테규는 그곳 사람들이 어떻게 천연두를 예방하는지를 기록했습니다. 몬테규는 콘스탄티노플 사람들이 증상이 가벼운 천연두 환자의 수포에서 액체를 뽑아낸 뒤 이를 아직 천연두에 걸리지 않은 이의 피부에 주입하는 걸 발견합니다. 이럴 경우 수포액을 주입받은 이들이 대부분 가벼운 흉터만 남은 채 다시는 천연두에 걸리지 않는다는 이야기를 들었다고 몬테규는 설명하죠. 영국으로 돌아온 몬테규는 자신이 목격한 내용을

적극적으로 알렸고 1722년에는 영국 왕 조지 1세가 공주들에게 이런 예방법을 사용해도 좋다고 허락까지 했습니다. 그러나 이 새로운 예방법에도 문제는 있었는데 그 방법을 시행하는 과정에서 약 2.5퍼센트가 사망한 것입니다. 자연적으로 천연두에 걸렸을 때보다는 몇 배나 낮은 치사율이었지만 그럼에도 이 방법이 완전치 않다는 것을 잘 보여주었습니다.

## 소녀들이 천연두에 걸리지 않은 이유

진정한 의미의 백신이 등장하기 위해서는 조금 더 시간이 필요했습니다. 1796년 영국의 의사였던 에드워드 제너는 천연두에 대해 고민하다가 시중에 떠도는 흥미로운 소문을 들었습니다. 소젖을 짜는 소녀들의 외모가 뛰어나다는 소문이었습니다. 제너는 이 소문에서 천연두 예방을 위한 결정적 아이디어를 얻었습니다. 애당초 이 소문은 소젖을 짜는 소녀들의 피부에 흉터가 없었기 때문에 퍼진 것이었습니다. 그들은 대부분 천연두에 걸리지 않았기 때문에(?) 깨끗한 피부를 지킬 수 있었던 것이죠. 제너는 이 일을 하는 소녀들이 소로부터 천연두와 유사한 수포를 일으키지만 위험성은 훨씬 약한 우두에 전염된다는 사실에 주목했습니다. 제너는 한 걸음 더 나아가 한 번 우두에 걸린 소녀들은 이후 천연두에 걸리지 않는다는 사실 역시 확인합니다.

1796년 5월 제너는 자신이 생각한 인과관계가 맞는지 확인하기 위해 직접 실험을 시작했습니다. 그는 우두에 걸려 손에 수포가 생긴 세라 넴스라는 소녀에게서 수포액을 채취하고 이를 여덟 살이었던 제임스 핍스라는 소년에게 주입했습니다. 수포액을 주입한 부위가 살짝 부어올랐다가 이후 나아지자 제너는 소년에게 천연두 수포액을 주입했습니다. 아무런 증상도 나타나지 않았습니다. 희망을 품은 제너는 몇 달 뒤 소년에게 다시 한번 천연두 수포액을 주입했고 여전히 소년에게는 아무 일도 일어나지 않는 것을 확인하게 됩니다. 제너는 곧 18명을 대상으로 실험을 확대했고 이후 이 결과를 논문으로 발표했습니다. 여기서 현대적인 의미의 백신이 시작되었습니다. '백신(Vaccine)'이라는 단어가 라틴어로 소를 뜻하는 '바카(Vacca)'에 어원을 두고 있다는 사실이 백신의 유래를 분명하게 보여줍니다.

제너의 실험 결과를 담은 논문은 빠르게 유럽 대륙 전체에 알려졌습니다. 독일에서는 게오르크 프리드리히 발호른이라는 의사가 1799년에 재빠르게 제너의 논문을 독일어로 번역하고 직접 실험을 따라 해보았습니다. 실험 결과가 유효함을 확인한 그는 1800년부터는 일반인을 상대로 본격적으로 백신 접종을 시작했습니다. 이후 유럽 대륙 전체에 빠르게 백신 접종이 확산되었습니다. 불과 5년 후인 1805년 나폴레옹이 자신의 군대 전체에 백신을 접종하라는 명령을 내릴 정도로 백신의 유효성은 널리 인정받게 됩니다. 1867년에는 영국에서, 1874년에는 독일에서 천연두 백신을 접종하는 것이 법적 의무가 되었죠.

## 백신 음모론의 유구한 역사

하지만 모두가 백신의 확산을 반긴 것은 아니었습니다. 일부 사람은 동물에게서 추출한 액체를 인간에게 주입함으로써 천연두를 예방할 수 있다는 사실을 도저히 받아들일 수 없었기에 이를 단순한 미신으로 치부했습니다. 초기에는 아직 백신의 효과가 광범위하게 검증되지 않았기 때문입니다. 오늘날 모두가 위대한 철학자로 인정하는 이마누엘 칸트도 백신에 대한 의구심을 드러냈다고 알려져 있습니다. 1797년 제너가 백신의 효과를 밝히고 있었을 무렵 칸트는 백신 접종은 불확실성에 스스로의 목숨을 맡기는 행위라면서 윤리적인 차원에서 백신에 대한 회의감을 드러냈죠. 이때 칸트는 개인이 자발적으로 받는 백신 접종이 아니라 국가에 의해 의무적으로 이루어지는 백신 접종이 정당화될 수 있는지에 대해서도 의문을 가졌던 것으로 알려져 있습니다.

백신에 대한 의구심은 백신 발명 초기에만 있었던 것이 아닙니다. 독일에서는 슈투트가르트 지역에서 활동하던 의사 고트로

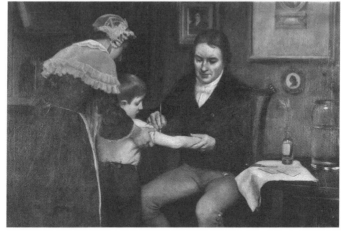

소젖 짜는 여인들(위)
에드워드 제너가 첫 백신 접종을 실시하는 모습(아래)

프 니팅거가 백신 접종을 단순한 미신이라고 주장하며 수많은 논문과 칼럼을 기고했습니다. 그는 한 걸음 더 나아가 1850년대까지도 백신 접종에 반대하는 움직임을 조직화하기도 합니다. 부유한 상인, 법학자 등 엘리트 계층도 반백신 움직임에 동참했습니다. 1874년 독일에서 백신 접종이 의무화되자 일부 의사는 "백신에 반대하는 의사협회"까지 결성하여 반발했습니다. 이들은 자체 잡지를 발간해서 대중에게 자신들의 입장을 전달했습니다. 어떤 이들은 유대인 의사들이 돈을 벌기 위해 백신을 만들어냈다는 음모론을 펼치기도 했습니다.

이들이 이런 음모론을 믿었던 이유는 무엇일까요? 다양한 이유가 있겠지만 21세기의 백신 반대론자와는 다르게 19세기 사람에게는 백신 접종을 걱정해야 할 그럴 만한 이유가 있었습니다. 당시에는 백신 접종이 비위생적인 상태에서 이루어지는 경우가 종종 있었기 때문입니다. 예를 들어 프로이센의 농촌에서는 대부분 의학을 배우지 못한 지역 교사나 목사가 백신 접종을 담당했고 접종 중에 백신이 마르면 자신의 침을 섞거나 소독 없이 연속적으로 백신을 접종하기도 했습니다. 그 때문에 천연두 백신을 접종받은 아이가 갑자기 매독에 걸렸다는 소문이 떠돌기도 했습니다. 이런 사례들이 소에게서 추출한 것으로 알려진 백신에 대한 혼란을 가중시켰습니다. 백신 접종 이후 몸의 일부가 소로 변하는 그림은 당시 사람들의 혼란을 상징적으로 보여줍니다.

에드워드 제너가 백신 접종 반대자와 논쟁하는 장면을 담은 만평(위)
우두 백신을 맞으면 소가 된다는 미신을 풍자한 그림(아래)

다른 한편 백신 덕분에 천연두의 위험이 줄어들면서 역설적으로 백신 접종에 대한 반발은 더욱 커졌습니다. 더 많은 사람이 백신을 접종받게 되면서 천연두의 발병 빈도가 줄어들자 백신을 반대하는 이들의 눈에는 천연두 자체보다 백신이 더 위험하게 느껴졌기 때문이죠. 이처럼 백신에 대한 반발의 역사도 백신 자체의 역사만큼이나 오래된 셈이라고 할 수 있겠습니다.

# 6    독일 사람들이
      축구를 싫어한 시절이 있었다고?

　　유럽 하면 가장 먼저 떠오르는 스포츠는 축구입니다. 월드
컵과 같은 세계대회에서 유럽의 축구팀이 꾸준히 좋은 성적을 낼
뿐만 아니라 전 세계의 뛰어난 축구 선수들은 국적을 막론하고 모
두 유럽에서 뛰고 싶어 할 만큼 수준 높은 리그도 가지고 있기 때
문이죠. 유럽의 축구장에서 환호하는 유럽인을 보고 있노라면, 축
구가 유럽인들에게 항상 사랑받았던 종목이라고 막연히 생각하기
쉽습니다. 그러나 축구가 처음부터 모든 유럽인에게 환영받은 것
은 아닙니다.

　　지금은 대표적인 축구 강국으로 알려진 독일에서만 해도 19세
기 중후반 축구를 처음 들여올 때 "비독일적(undeutsch)"인 스포츠
라며 비난하는 사람이 많았습니다. 21세기의 독일인이 축구에 열
광하는 모습을 떠올려보면 축구에 대한 초기의 반감은 좀처럼 상

상하기 어렵지만요. 이런 반감에는 1870년대 막 통일된 독일이 영국에 가진 경쟁의식이 큰 영향을 끼쳤습니다. 하지만 그게 전부는 아니었습니다. 영국에서 유래한 축구는 많은 독일인이 보기에 부상 위험이 높은 너무 거친 운동이었습니다. 부상의 위험 때문에 바이에른 지역에서는 17세 이하의 청소년이 축구를 하는 것이 금지되기도 했었죠. 오늘날 독일의 축구팀 가운데 가장 먼저 떠오르는 팀이 바이에른 뮌헨이라는 점을 생각하면 격세지감을 느끼게 됩니다.

19세기 중후반 많은 독일인은 체조를 "독일적인 것"의 정수를 담은 스포츠라고 생각했습니다. 체조는 독일에서 1848년 혁명 이후 뿌리를 내렸습니다. 각종 체조협회가 전국에 빠르게 퍼졌습니다. 독일인이 보기에 체조는 건강한 신체를 길러낼 수 있는 바람직한 운동이었습니다. 또한 그들은 건강한 신체 활동을 통해 훌륭한 '독일인'을 길러낼 수 있다고 생각했습니다. 반면 영국에서 들어온, 부상 위험이 높아 보이는 축구는 체조를 즐기던 많은 독일인에게 눈엣가시로 여겨졌습니다. 체조를 옹호하는 이들은 절제된 동작으로 구성된 체조가 새롭게 통일된 독일제국의 위계질서를 잘 표현한다고 주장하면서 무질서하게 단체로 뛰어다니는 축구는 전혀 독일적이지 않은, 일종의 무질서를 상징한다고 비난했습니다.

축구를 독일의 김나지움, 우리나라로 치면 인문계 고등학교에 처음 소개한 교사 콘라드 코흐는 1885년 "많은 체조인이 축구가 다

축구를 '영국병'이라고 조롱한 내용의 에세이.
인간을 유인원 수준으로 떨어뜨리는 운동이라고 불렀다.

른 신체 운동에 대한 흥미를 없애버릴까 두려워한다"고 아쉬워했
습니다. 독일인의 축구에 대한 반감을 잘 보여주는 말입니다. 심지
어 축구 경기 중에 같은 팀의 선수들이 의사소통을 위해 큰 목소리
를 내는 것도 축구를 처음 접한 많은 사람에게는 듣기 싫은 소음으
로 여겨졌다고 하죠. 이 때문에 산책을 즐기던 사람들이 경찰에 신
고를 하는 사례도 심심치 않게 있었습니다.

## 축구에 반쯤 미친 남자

그런데 교사였던 코흐는 어쩌다가 독일에 축구를 소개하게 되었을까요? 브라운슈바이크의 학교에서 고대 그리스어와 라틴어를 가르치던 코흐는 "달리는 코흐(Lauf-Koch)"라는 별명이 붙을 정도로 운동신경이 뛰어났는데요. 그런 코흐에게 한 가지 걱정거리가 있었습니다. 19세기 중후반 독일에서 산업화와 도시화가 급격하게 진행되면서 자신이 가르치는 청소년들이 점점 건강한 신체 운동을 멀리하고 있다는 점이 마음에 걸렸던 것입니다. 그런 그의 눈에 독일에 살던 영국인들이 축구를 하는 모습이 우연히 들어왔습니다. 새로운 운동에 흥미를 느낀 코흐는 1874년 영국에서 축구공을 공수한 끝에 자신의 학교에서 최초로 독일인 학생끼리의 축구 경기를 열었습니다. 축구를 처음 접한 독일 학생들은 곧 굉장한 흥미를 보였고 머지않아 두 번째 경기도 열렸습니다. 이를 계기로 독일에서 축구의 인기는 눈에 띌 정도로 올라가게 됩니다.

뿌듯함과 더불어 축구를 더욱 퍼뜨려야겠다는 사명감을 느낀 코흐는 축구의 역사와 규칙을 담은 책을 독일어로 쓰기 시작합니다. 사실 코흐가 독일에 축구를 소개할 때만 해도 독일에는 축구와 관련된 정확한 용어가 정립되어 있지 않았습니다. 독일어로 영어의 풋볼에 해당하는 말은 "푸스발(Fußball)"인데요. 이때만 해도 푸스발은 영국에서 들어온 축구와 럭비를 모두 가리키는 말이었습니다. 예를 들어 "78 하노버 푸스발 협회(Fußball-Verein Hannover 78)"
라는 단체는 실제로는 럭비 단체였습니다. 축구를 비독일적이라
비난하던 독일 언론도 영국에서 럭비를 하다가 부상당한 이들의
통계를 가져와서 이를 축구를 하다가 부상당한 이들의 통계라고
호도하기도 했죠. 축구를 의심쩍은 눈으로 바라보는 독일인을 안
심시키기 위해 코흐는 축구를 럭비보다 부상의 위험이 적은 안전
한 운동으로 적극적으로 홍보했습니다.

초창기 독일의 축구는 오늘날과 규칙이 조금 달랐습니다. 가장
큰 특징은 골대 안에 들어가는 골로만 점수를 매기지 않았다는 점
이었습니다. 당시 독일에서 열린 축구 경기에서는 스로인을 얻어
낼 경우 3점, 코너킥을 얻어낼 경우 5점, 골을 넣을 경우 20점을 부
여하여 경기가 끝난 후에 총점이 높은 팀이 승리하는 방식을 택
했습니다. 1890년 출범한 독일 축구선수연맹은 이런 방식에 기반
해서 최초의 대회를 개최했고 여기서 우승한 "BFC 게르마니아
1888(Berliner Fußball-Club Germania 1888)"은 지금도 존재하는 가장 오
래된 독일 축구팀으로 알려져 있습니다.

한편 코흐가 축구를 소개한 후 독일에서도 축구를 즐기는 사람
이 많아지면서 자연스럽게 축구와 체조 사이에는 경쟁 관계가 생
겨났습니다. 〈독일체조일보〉는 스위스에서 13세 소년이 축구를 하
다가 머리에 공을 맞고 사망한 사건을 적극적으로 보도하면서 축
구가 위험한 운동이라는 인식을 퍼뜨리고자 했습니다. 축구인들은

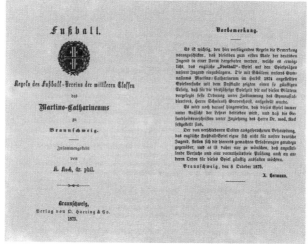

콘라드 코흐(위)
독일 최초의 축구 규칙을 담은 책. 콘라드 코흐 저(아래)

이러한 보도에 반박하면서 체조야말로 환기도 안 되는 실내에서 하는 운동이라고 비꼬았습니다.

이후 축구의 폭발적인 인기에 힘입어 1899년에는 세 차례에 걸쳐 독일과 영국의 국가대표 대항전이 열리게 됩니다. 최초의 국가 대항전이었죠. 대회 당시 영국에 비해 축구가 발전하지 못한 독일은 모든 경기에서 참패했습니다. 기록에 따르면 독일 팀은 2대 13, 2대 10, 0대 7로 영국 팀에 패배했습니다. 국가 대항전을 할 정도로 축구의 인기가 높아져 갔지만 체조인과 더불어 기존 귀족과 부르주아 계층은 축구를 여전히 미심쩍은 눈으로 바라보았습니다. 우스꽝스러워 보이는 유니폼을 입고 경기나 연습이 끝난 후에 단체로 술을 마시고 고성방가를 하며 거리를 돌아다니는 젊은이들이 마음에 들지 않았던 것입니다. 1870년대 제국의 형태로 통일된 이후 비교적 보수적인 분위기가 팽배하던 독일에서 축구를 하며 시끄럽게 뛰어다니고 떠드는 젊은이들은 오늘날 우리가 생각하는 것보다 더 심한 사회적 갈등을 불러온 것으로 보입니다.

옷차림이 다양하지 않던 사회에서 축구 유니폼을 입고 돌아다니는 것 자체를 이상하게 여기는 사람들도 많았습니다. 여러 신문은 축구 유니폼을 광대나 입을 만한 코스튬에 비교하기도 했고 독자 투고란에는 공공장소에서 축구 유니폼을 입고 돌아다니는 것을 금지해야 한다는 청원이 실렸습니다. 이 투고의 주장에 따르면 모든 축구 선수는 경기가 끝나자마자 즉시 일상복으로 갈아입어야 했습니다. 유니폼이 어느 정도로 몸에 꽉 껴도 되는지, 유니폼의 색이 얼마나 화려해도 되는지에 대해서도 진지한 사회적 논쟁이 일어날 정도로 복장 문제를 둘러싼 사회적 갈등은 계속 이어졌습니다.

축구와 경쟁 관계에 있었던 체조인뿐만 아니라 귀족과 부르주아 집단에서도 축구에 대한 설왕설래가 있었다는 사실은 역으로 축구가 젊은이들로부터 얼마나 큰 인기를 끌었는지 방증합니다. 복장을 두고 심각한 논쟁이 벌어지기는 했지만 이런 논쟁이 점점 인기가 늘고 있는 축구의 확산을 본질적으로 막지는 못했습니다.


## 분데스리가의 원조는 군대스리가?

전국에서 축구의 인기가 광범위하게 늘어나자 독일제국 정부에서도 기존의 회의적인 시각을 버리고 오히려 축구를 이용하자는 주장이 나왔습니다. 그렇게 축구는 체조와 마찬가지로 전 국민의 체력을 기르기 위한 수단으로 여겨지게 됩니다.

하지만 순수하게 국민의 건강만을 걱정해서 이런 주장이 생겨난 것은 아니었습니다. 정부는 미래에 있을지도 모를 전쟁에 대비해 국민을 예비 군인으로 훈련시키고자 했고 이런 이유에서 축구라는 종목이 체력 증진에 효과적인 것이라고 생각한 것입니다. 이

1908년 첫 공식 국제 경기에 출전한 독일 대표팀

런 주장은 정부 내에서 호응을 얻기 시작했고 1900년 이후 축구에 대한 정부의 지원이 늘어났습니다. 군대에서도 쉬는 시간에 축구를 하는 것이 적극적으로 장려되었습니다.

미래의 전쟁에 축구를 활용하려던 생각은 1914년에 1차 세계대전이 발발하자 스포츠가 전쟁에 동원되는 비극적인 결과로 이어졌습니다. 북독일 축구협회는 전쟁이 발발하자 "제군은 스포츠를 통해 전쟁에 맞게 교육되었다. 적을 향해 돌진하라!"라는 내용이 담긴 소책자를 발간하기도 하죠. 전쟁 이전까지 쾰른의 축구팀에서 뛰던 한 선수는 징집 이후 고향에 보낸 편지에서 전투 상황을 묘사하며 "전투 3분 동안 나는 전성기에도 해내지 못한, 일종의 측면 돌파 드리블에 성공했다. 내 목숨이 달려 있기 때문에 가능한 일이었다"라고 했습니다. 축구 용어를 통해 전황을 표현한 것은 축구선수들만이 아니었습니다. 여러 군인이 남긴 편지나 일기를 봐도 전쟁을 축구에 빗댄 표현을 쉽게 발견할 수 있습니다. 1000만 명이 넘는 성인 독일 남성이 징집된 1차 세계대전 때 독일 정부는 축구공을 전방에 적극적으로 보급했고 축구는 치열한 전투 중에도 간혹 여유 시간이 생기면 군인들이 즐길 수 있는 취미가 되었습니다. 전시 독일 정부의 정책에 따라 축구는 스포츠를 즐기지 않던 독일인들도 직접 하는 스포츠로 완전하게 자리매김했습니다.

이처럼 독일에서 축구가 확산된 과정을 보면 언뜻 역사와는 무관한 듯한 현대 스포츠 문화 또한 근대화와 국가 발전과 밀접한 관계가 있음을 이해할 수 있습니다.

# 7 인간은 왜, 언제부터
## 맥주를 마시게 되었을까?

기원전 2000년경 메소포타미아 지역에는 이런 말이 유행했습니다. "금과 유리를 소유한 부유한 자, 황소를 자기 것이라 주장하는 자, 양 무리를 차지하고 있는 자, 이들 모두가 문 앞에서 보리를 가진 자가 나타나기만을 하염없이 기다린다." 부러울 것이 없는 고대 메소포타미아 사람들은 왜 보리를 가진 사람이 나타나기를 기다렸을까요? 첫 번째 이유는 보리로 빵을 만들기 위해서였습니다. 그러나 빵 못지않게 중요했던 이유는 맥주였습니다. 기원전 2000년경에 메소포타미아인들은 보리로 맥주를 만들 수 있다는 사실을 알고 있었고, 이 때문에 보리를 가진 자를 기다렸던 것입니다.

고대 메소포타미아인들이 맥주를 만들어 마신 것은 오늘날처럼 단순히 맥주의 맛을 즐기기 위해서가 아니었습니다. 깨끗한 식수를 비교적 쉽게 구할 수 있는 현대의 한국과는 달리 고대에는 오염된 물을 마시고 탈이 날 가능성이 언제나 있었습니다. 그런데 오염된 물로 맥주를 만들 경우 맥주 맛에서 바로 이상을 감지할 수 있었습니다. 즉 오염된 물로는 정상적인 맥주를 만들 수 없었기 때문에 맥주를 마신다는 것은 기본적으로 최소한의 검증이 끝난 물을 마신다는 의미였죠. 게다가 맥주는 물에는 없는 나름의 영양소와 열량을 가지고 있다는 이점도 있었습니다.

고대 메소포타미아에서 맥주는 물을 제외하고 대다수의 사람이 즐길 수 있는 유일한 음료수였고 주로 빵으로만 이루어진 일반인의 식사를 보충해주는 중요한 음식이었습니다. 역사학자와 고고학자들은 고대 메소포타미아에서 농사의 약 40퍼센트가 맥주를 양조하기 위해 지어진 것으로 추정합니다. 물론 당시 사람들이 오로지 열량을 채우려는 건전한 이유로만 맥주를 마시지는 않았습니다. 현대와 마찬가지로 고대 메소포타미아에서도 음주는 유흥의 의미도 갖고 있었고 종종 각종 일탈로 이어졌습니다.

그 당시 메소포타미아에는 맥주를 파는 술집이 생겼고 이 술집들에서는 비밀리에 성매매까지 이루어졌습니다. 시대 특성상 자료를 찾기가 매우 힘들지만 고대 메소포타미아의 통치자에게도 음주로 인한 사회문제가 큰 골칫거리였던 것은 분명합니다. 이때문에 "눈에는 눈, 이에는 이"란 원칙으로 유명한 함무라비 법전에는 술의 판매에 관한 여러 법조문이 들어 있었습니다. 그중 한 조문은 술집 주인이 손님에게 돈을 받은 다음 정해진 양보다 적은 양의 맥주를 제공할 경우 익사시킨다는 내용이었죠. 이러한 내용이 굳이 법으로까지 만들어졌다는 사실은 이미 고대 메소포타미아에서도 술에 취한 손님을 상대로 속임수를 쓰는 술집이 많았음을 보여줍니다.

이집트의 경우 메소포타미아보다 자료가 좀 더 많이 남아 있는 편입니다. 고대 이집트에서 농업과 사후세계의 신으로 여겨졌던 오시리스는 인간에게 맥주 제조법을 전수해준 맥주의 신이기도 했습니다. 몇천 년 후에 유럽에 르네상스기가 도래했을 때 독일의 작가들은 오시리스가 지중해를 거쳐 중부 유럽으로 건너왔다는 신화를 만들어냈습니다. 맥주의 기원이 게르만족에게 있음을 주장하기 위해서였죠. 그런데 이집트 맥주는 메소포타미아 맥주와 한 가지 차이점이 있었습니다. 이집트에서는 맥주가 각종 신을 섬기는 의례와 제사에 사용되면서 일상을 넘어 종교적인 의미도 지니게 되었습니다.

고대 이집트에서 종교적으로 중요했던 맥주의 위상은 지중해 건너 그리스와의 접촉이 늘어나면서 위기에 빠졌습니다. 그리스 지역에서는 기후 탓에 보리를 생산하기 어려웠고 그로 인해 맥주보다는 와인을 마시는 것이 일반적인 문화로 자리 잡았습니다. 특히 기원전 4세기에 알렉산드로스 대왕이 이집트 지역을 통합한 이후 통치자들은 이곳에도 맥주가 아닌 와인 문화를 확산하려고 했고 이에 따라 맥주 양조가 점점 어려워지기 시작합니다. 처음에는 정

맥주는 고대 이집트에서 가장 인기 있는 음료였다.

부의 각종 통제를 받아들이는 경우 맥주를 양조할 수 있었지만 나중에는 정부의 승인까지 받아야 했습니다. 그리스 출신의 이집트 통치자들은 음주에 따른 각종 부작용을 막는다는 명분으로 맥주에 가혹한 세금을 매기면서 맥주 문화를 억압하기도 했습니다.

이런 노력에도 이집트 지역의 일반 백성 사이에서 맥주는 여전히 와인을 제치고 가장 인기 있는 음료였습니다. 이집트의 한 지역에서 열린 축제에 관한 기록을 보면 축제 기간 동안 일인당 3리터 정도의 맥주를 마셨다는 것을 확인할 수 있습니다. 물론 당시의 맥주는 현재보다 알코올 도수가 낮지만 그럼에도 상당한 양이었습니다. 정부가 맥주를 생산하고 마시는 행위를 억압하려고 했음에도 일반 백성들이 계속 맥주를 마셨다는 것은 먹고 마시는 것과 같은 일반 문화를 인위적으로 바꾸는 것이 얼마나 어려운지 잘 보여줍니다.

## 문명인의 음료, 야만인의 음료

이렇게 메소포타미아와 이집트 지역에서 좋은 기후 조건을 바탕으로 질 좋은 맥주를 만들고 있을 때 전혀 다른 척박한 조건 속에서 어렵게 맥주를 만들어 마시던 이들도 있었습니다. 이들은 중부 유럽의 켈트족이었습니다. 기원전 1세기경 그리스의 지식인이었던 포세이도니오스가 켈트족의 모임에 대해 기록을 남겼습니다. "최상류층은 이탈리아 지역에서 수입한 와인을 마신다. 그다음으로 부유한 이들은 꿀을 탄 밀맥주를 마신다. 그러나 대다수의 하층민은 가장 간단한 맥주를 마신다. 그들은 큰 컵에 맥주를 따른 다음에 다 같이 마신다. 한 번 마실 때 입에 넘칠 만큼 많이 마셔서는 안 되고, 모두가 규칙적으로 돌아가면서 마신다." 기록에 따르면 켈트족 하층민이 마신 맥주에서는 약간 상한 맛이 났다고 합니다.

포세이도니오스의 기록에서 알 수 있듯이 와인을 주로 마시는 그리스 지역에서는 맥주를 마시는 이들을 여전히 야만적이라고 무시하는 풍토가 널리 퍼져 있었습니다. 기후 특성상 보리를 많이 생산하지 않은 그리스 지역에서는 여전히 맥주 생산이 활발하지 않았고 이는 곧 맥주 마시는 이를 그리스 문화와는 동떨어진 이방인으로 여기는 문화로 이어졌습니다. 그리스의 한 작가는 이집트인들에게 "당신들은 그리스 사람들이 맥주꾼이 아니라 인간임을 알게 될 것이다"라는 말을 함으로써 맥주를 마시는 이는 문명인이 아니라 야만인이라는 주장을 했습니다.

그리스인의 이런 인식은 이후 로마인에게도 전해졌습니다. 로마의 역사가였던 타키투스는 "게르만족에게 그들이 원하는 만큼의 맥주를 계속 주면 무기로 제압하는 것보다 쉽게 그들을 상대로 승리를 거둘 수 있을 것이다"라는 말을 남겼습니다. 현재 유럽 문명의 뿌리로 간주되는 고대 그리스와 로마 사회에서 와인과 맥주 중 어느 것을 마시는지는 단순한 기호의 문제가 아니라 문명과 야만을 가르는 문제였습니다. 그러나 그리스와 로마 사이에는 한 가지 중요한 차이점이 있었습니다. 그리스와 달리 영토를 계속 확장한 로마의 경우 언제까지나 맥주를 무시할 수 없었습니다. 특히 전방에서 복무하는 군인에게 맥주는 아주 중요한 식량이자 즐길 거리였습니다. 여러 파피루스에서 군인에게 맥주를 정기적으로 나눠주었다는 기록을 확인할 수 있습니다.

기원후 2세기 초에 한 부사관이 상관에게 올린 보고서에는 다음과 같이 쓰어 있었습니다. "부디 우리가 무엇을 해야 할지 알려주

십시오. 모든 군인이 창고로 들어가서 맥주를 마셔도 되겠습니까? 아니면 일단 반만 들어가야 되겠습니까? 군인들이 마실 맥주가 떨어지고 있으니 하루빨리 추가분을 보내주십시오.” 이 기록에서도 알 수 있듯이 로마가 영토를 계속 확장하는 과정에서 다양한 지역의 사람을 군인으로 동원하면서 맥주는 중요한 군 보급품이 되었습니다.

넓게 펼쳐진 국경에 있는 군인에게 맥주를 보급해야 했기 때문에 시간이 지나면서 점차 로마 국경 인근 지방을 중심으로 전문적인 맥주 양조장이 생겨나기 시작했습니다. 이들은 정부로부터 돈을 받고 군대에 맥주를 보급했습니다. 이내 맥주 양조는 로마제국의 경제에서 그 자체로 중요한 산업 중 하나가 되었습니다.

한편 타키투스의 기록이 보여주듯 맥주는 로마제국 내에 편입되지 않은 게르만족에게도 중요했습니다. 게르만족은 식사는 물론 각종 의례와 축제에서도 맥주를 마셨습니다. 맥주 양조가 하나의 산업으로 떠오른 로마제국과는 달리 게르만 사회에서는 남성이 외부에서 활동을 하는 동안 안에서 맥주를 양조하는 것이 여성의 중요한 임무였습니다. 남녀의 약혼을 주변인에게 알리는 자리를 “맥주 자리”라고 부른 것에서 게르만족의 맥주 사랑이 어느 정도였는지를 쉽게 가늠해볼 수 있습니다. 게르만족은 모임이 있을 때 사회적 서열에 따라 자리를 정해 앉은 다음 맥주를 마셨습니다. 게르만족 아내들이 양조한 맥주를 나눠 마시는 모습을 상상하면 맥주를 마신다는 행위 자체가 게르만족의 정체성 형성과 공동체 의식에 얼마나 큰 역할을 했을지 짐작할 수 있습니다.


## 중세 수도원이 맥주를 만든 이유


로마제국 말기에는 맥주를 마시는 행위가 제국 내외에서 일반적 문화로 자리 잡았습니다. 그러나 고대 말기에 생겨난 새로운 세력이면서도 예전의 그리스인과 로마인처럼 여전히 맥주를 못마땅한 눈으로 바라보는 이들이 있었습니다. 새로운 종교였던 기독교를 믿는 사람들이었습니다. 초기 교회는 맥주를 업신여기는 그리스와 로마의 시선을 그대로 유지하고 있었습니다. 그러나 로마제국이 점차 맥주를 하나의 문화로 인정하게 되었듯이 기독교 사회 내에서도 비슷한 일이 일어났습니다. 선교 활동의 어려움이 원인이었습니다.

이탈리아 지역에서 활동하는 성직자들과는 달리 지금의 독일 지역을 비롯해 이탈리아 너머 북쪽 지역에서 활동하는 성직자들은 일단 기후 조건으로 인해 와인을 구하는 것 자체가 어려웠습니다. 게다가 맥주는 여전히 영양의 측면에서도 중요했기 때문에 척박한 기후 조건 속에서 자급자족을 해야 했던 유럽 수도원들은 현실을 받아들이고 곧 자체 양조장을 운영했습니다. 수도사들이 "매일 빵과 맥주, 채소와 우유만을 먹었고 주요 축제일에만 고기를 먹었다"는 기록을 보면 맥주가 식사에서 얼마나 중요했는지를 알 수 있습니다. 오늘날에도 유럽 수도원의 이름을 이어받은 맥주가 많은 것은 이때 시작된 전통에 기인한 것입니다.

"우리 수도원의 수도사들은 맥주를 마신다. 그리고 맥주를 마시지 않는 당신들과 마찬가지로 천국에 갈 것이다"라는 8세기 한 수도원장의 말은 맥주 마시는 것을 여전히 아니꼽게 바라보던 이탈리아 성직자들과 현실적인 요인으로 맥주를 즐겨 마시게 된 이탈리아 외부 성직자들의 갈등을 보여줍니다.

중세 초기였던 8세기까지만 해도 수도원에서 만드는 맥주는 주로 수도사들의 식사용이었습니다. 그러나 11세기쯤부터 맥주 양조 노하우가 생기면서 수도원들은 점차 자급자족하고도 남는 맥주를 판매하기 시작했습니다. 특히 이 시기에 중세 유럽의 도시들이 발전하면서 맥주 수요가 폭증한 것이 맥주의 산업화에 중요한 역할을 했습니다.

맥주가 중세 유럽인들에게 큰 인기를 끌었기 때문에 중세 유럽 도시의 지도자들은 시민들에게 맥주를 충분히 제공하는 것을 중요한 과제로 생각했습니다. 독일 괴를리츠시의 지도자는 맥주를 "도시의 음식"이라고까지 표현할 정도였습니다. 따라서 인기를 지키고 싶은 지도자는 도시의 맥주 가격이 지나치게 오르지 않도록 가격을 통제하고 품질을 검사했습니다. 도시 경제에서 맥주가 중

오늘날까지도 인기리에 판매되는 수도원 맥주(위)
독일 수도원에서 운영한 맥주 양조장의 풍경(아래)

요한 역할을 했기 때문에 다른 도시나 국가의 맥주를 수입해 오는 행위는 엄격히 금지되었고 다른 도시의 시민이 맥주를 양조하는 것 역시 금지되었습니다.

물론 중세에도 그리스와 로마로부터 이어진 통념, 즉 맥주를 하찮게 여기고 와인을 고급이라고 생각하는 인식은 여전히 어느 정도 남아 있었습니다. 이런 인식은 일반적인 중세 시민과는 달리 와인을 자유롭게 마실 수 있는 귀족들 사이에 널리 퍼져 있었습니다. 13세기의 한 시인은 "귀족들은 아무도 맥주를 마시지 않는다. 이들은 서로 와인만을 선물한다"라면서 하층민과 문화적으로 거리를 두고 싶어 하는 귀족의 행동을 기록했습니다. 그러나 맥주를 깔보며 와인만을 마시던 귀족도 경제적인 이유 때문에 자신의 성이나 영지에서 대규모의 맥주 양조장을 운영했습니다. 귀족들은 자신의 양조장에서 생산된 맥주를 도시에 팔고, 그 돈으로 와인을 사 마셨습니다. 어쨌든 수도원과 도시 그리고 귀족의 양조장에서 맥주가 생산되었기 때문에 중세에는 하루가 다르게 맥주 소비가 늘어났습니다.

돈이 모이는 곳이 종종 그렇듯 맥주로 옳지 않은 방법으로 돈을 버는 사람들도 생겨났습니다. "근래 들어 몇몇 사람이 상한 맥주를 팔거나 양을 속여 팔면서 여러 사람에게 사기를 치고 있다"는 한 설교사의 말은 맥주를 마시고 싶어 하는 사람과 이런 사람에게 질 낮은 맥주를 팔아 이익을 얻는 사람이 공존하는 세태를 보여줍니다. 결국 고대에 주로 생존에 필요한 열량을 채우기 위해 마셨던 맥주는 시간이 지나 중세에 이르러서는 점차 단순한 음료를 넘어서서 경제적, 사회적, 문화적 의미를 지닌 일종의 상품이 됐습니다. 그리고 그 결과 근대까지 유럽 사회에서 유지된 중요한 식음료 문화, 즉 교양 있는 상류층은 와인을 마시고 교양 없는 자가 맥주를 마신다는 인식의 원형이 완성되었습니다.

# 2부

# 생각의 탄생

?

**사람들은 왜
그런 생각을 하게 됐을까?**

# 1 인간은 창조된 것이 아니라 진화한 것이다?

지금으로부터 약 160년 전 찰스 다윈은 《종의 기원》을 집필하여 그때까지 통용되었던 기독교적 자연관을 뒤집었습니다.

1809년 부촌에서 존경받는 의사의 아들로 태어나 장래가 촉망되던 다윈은 왜, 그리고 어떻게 전 세계를 돌아다니며 종의 기원을 연구하는 삶을 살게 되었을까요? 많은 사람이 그러하듯이, 다윈의 인생에서도 몇 가지 우연적인 요소가 중요한 역할을 했습니다. 가부장적이었던 찰스 다윈의 아버지는 아들이 태어나자마자 그를 자신과 마찬가지로 의사로 키우기로 결심했습니다. 하지만 다윈은 제대로 된 마취도 없이 수술받는 아이를 목격하고는 의사라는 직업 자체에 커다란 거부감을 갖게 되었습니다. 의사가 되지 않겠다는 아들의 강한 반발에 아버지는 결국 의학 대신 신학을 공부하게 했습니다. 지금의 관점에서는 "왜 신학을 공부하게 했을까?"라는 의문이 들 수도 있습니다. 이런 의문은 당시 신학이 가진 위상에서 비롯된 것입니다. 다윈의 아버지는 아들이 자신처럼 의사가 될 것이 아니라면 학문적으로나 사회적으로 여전히 중요한 위상을 갖고 있던 신학을 공부하기를 권했던 것이지요. 훗날 다윈이《종의 기원》과 진화론을 통해 종교의 위상을 흔든 것을 생각하면 참 재미있는 상황입니다.

다윈은 아버지의 권유에 따라 신학을 공부하기로 했습니다. 다만 그 이유가 흥미나 관심사에 따른 것은 아니었습니다. 어릴 때부터 자연을 관찰하는 것을 좋아했던 다윈은 만약 신학자가 된다면 여유 시간이 많을 것이고 그러면 자신이 좋아하는 취미 생활도 계속할 수 있을 거라고 믿었습니다. 또한 영국에서는 신학자가 자연을 연구하는 것을 당연시하는 분위기가 있었습니다. 자연이야말로 신의 존재를 증명하는 증거였기 때문입니다.

케임브리지대학교에서 신학을 공부하기 시작했지만 다윈은 예상대로 박물학이나 동식물학에 더 많은 관심을 쏟았습니다. 다윈은 동식물학자인 존 헨슬로 교수와 가깝게 지냈고 이는 다윈의 인생에 결정적으로 중요한 영향을 끼쳤습니다. 1831년 22세의 다윈은 헨슬로의 추천을 받아 영국 군함 비글호에 탑승하기로 결정합니다. 비글호에서 다윈의 임무는 동식물에 관한 최대한 많은 자료를 모으고 정리하는 것이었습니다. 5년간 이어질 탐험에 나선 다윈은 방대한 자료를 모았지만 이것이 곧바로 진화론이라는 혁명적인 이론의 탄생으로 이어지지는 않았습니다.

## 믿음과 팩트 사이에서 갈등하다

27세의 나이에 여행을 마친 다윈은 수년간 자료를 정리했습니다. 이때까지만 해도 당시의 지배적인 관점, 즉 신이 세상을 창조했고 동식물은 처음 창조된 상태 그대로 살고 있다는 관점에서 크게 벗어나지 않았습니다. 그렇게 2년간 자료들을 정리하고 해석한 뒤에야 다윈은 이전의 관점, 특히 동식물이 창조된 상태 그대로 존재하고 있다는 관점에 문제가 있다는 결론에 이르렀습니다.

진화론의 토대가 되는 이런 문제의식은 사실 이전에도 몇몇 사람이 제기한 적이 있었습니다. 프랑스의 생물학자 장 바티스트 라마르크와 다윈의 할아버지 이래즈머스 다윈도 비슷한 새로운 해석을 제시했습니다. 그러나 그들의 생각은 순수하게 추론에 기초한 것일 뿐, 구체적인 증거에 의해 뒷받침된 것은 아니었습니다. 반면 스스로를 "특이하고 신기한 작은 팩트들의 백만장자"라고 부른 다윈은 여행 과정에서 수많은 자료를 모았다는 점에서 앞선 사람들과는 결정적으로 달랐습니다. 다윈은 갈라파고스를 비롯한 여러 해안과 섬을 돌아다니면서 동식물이 장기간 처음 상태로 똑같이 존재하는 것이 아니라 점차 일종의 진화, 더 정확하게는 변화를

1. 큰땅핀치          2. 중간땅핀치
3. 작은나무핀치      4. 솔새핀치

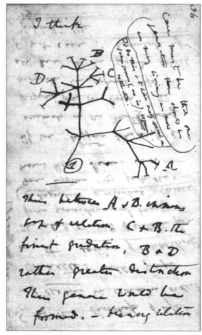

갈라파고스 제도의 핀치(위)
다윈이 1837년 생물종이 어디서 기원했는지 고민하며 비밀 노트에 그린 '진화의 나무'(아래)

경험한다는 구체적인 사례들을 찾아둔 상태였습니다. 다윈은 이런 인식을 하게 된 후에도 어린 시절부터 유지하고 있던 신에 대한 믿음을 저버릴 생각은 없었습니다. 그러나 탐험에서 모은 자료를 정리하고 해석하는 과정에서 점차 이전의 기독교적 세계관이 유지될 수 없다는 것을 깨닫게 됩니다.

탐험 자체도 다윈의 믿음을 흔들어놓았습니다. 다윈은 여러 지역을 돌아다니면서 노예제와 같이 잔혹하고 비합리적인 관습들을 목격하고는 "선한 신이 존재한다면 어떻게 이럴 수 있을까"라는 근본적인 의문에 사로잡혔습니다. 즉 순수하게 과학적인 문제의식 말고 한 인간으로서의 경험도 다윈에게 큰 영향을 끼쳤던 것입니다. 다시 말해 다윈의 진화론은 한순간의 영감으로 탄생한 것이 아니라 장기간의 자료 수집과 그에 대한 해석 그리고 학문 너머 일상의 경험까지 장기간 작용한 결과 탄생했습니다. 다윈은 "이렇게 불신앙이 서서히 나를 잠식했다"라며 자신의 씁쓸한 마음을 표현했습니다.

다윈은 이론을 정립한 후에도 20년 가까이 출판하기를 꺼렸습니다. 진화론은 기존의 기독교적 세계관을 정면으로 부정하는 것이었기에 다윈은 다른 사람을 설득하는 것은 물론 스스로도 어떠한 의심이 들지 않을 정도로 계속 자료를 모았습니다. 이 과정에서 신학을 공부해 성직자가 되겠다는 기존의 인생 목표는 당연히 폐기되었습니다. 대신 그는 평생을 자연 연구에 헌신하기로 결심했습니다.

이 과정에서 다윈이 얼마나 조심스럽게 행동했는지는 그의 가족사에서도 드러납니다. 사촌과 결혼한 다윈은 10명의 아이를 가졌습니다. 그러나 다윈의 아내는 다윈과는 달리 기독교에 대한 믿음이 강했습니다. 다윈은 자신의 발견에 대한 확신이 강했음에도 이를 섣불리 자녀들에게 가르치지 않았습니다. 그 대신 자녀의 종교 교육을 아내에게 일임했습니다. 가족에게조차 자신의 연구를 알리지 않았던 것입니다.

1844년 다윈은 한 편지에 이렇게 썼습니다. "나는 지금 아주 야심찬 작업을 하고 있네. 내가 아는 사람 중에는 이 작업을 멍청하다고 하지 않을 사람이 없다네. 나는 (…) 종이 변화하지 않는다는 주장이 틀렸음을 확신하고 있네. 나에게는 이것이 마치 살인을 고백하는 것과 같네." 다윈은 사이좋았던 아내에게도 자신의 연구 성과를 정확하게 설명하지 않고는 자신이 갑작스럽게 죽을 경우 열어보라면서 서랍장 속에 자신의 이론을 정리한 글을 남겨놨습니다. 혹시라도 자신이 갑자기 죽는다면 반드시 능력 있는 출판사를 찾아가 231쪽 분량의 글을 통째로 출판해달라는 것이었죠.

1858년 7월 1일 다윈은 마침내 30명가량이 참가한 학회에서 자신의 연구를 발표하기로 합니다. 다만 때마침 다윈의 아들 한 명이 사망하는 바람에 다윈은 직접 참석하지 못했고, 학회 담당자가 대신 발표했습니다. 다윈은 자신의 연구 발표가 마치 살인을 고백하는 것과 같다고 했지만 발표 당일 학회에서는 아무런 반응도 일어나지 않았습니다. 당시 다윈이 자신의 연구를 발표한 학회에서는 매일 다섯 건의 발표가 있었고 학회에 참석한 학자들은 마지막에 이루어진 다윈의 발표도 흔하고 지루한 발표일 거라고 지레짐작했던 것이죠. 그래서 잔뜩 지친 상태에서 제대로 집중하지 않았습니다.

## 다윈이 살아 있었다면 사회진화론에 동의했을까

이후 다윈은 수십 년간의 연구를 집대성해서 마침내《종의 기원》을 출판했습니다. 학회 발표 때와는 달리《종의 기원》은 순식간에 품절됐습니다. 다윈의 책이 큰 사랑을 받은 것은 내용 때문만은 아니었습니다. 다윈은 당시 학계에서 쓰이던 딱딱한 문어체 대신 "~에 대해 알아보자"와 같이 비교적 구어체에 가깝게 글을 썼습니다. 덕분에 일반인도 쉽게《종의 기원》을 이해할 수 있었죠.

그러나 누구나 읽을 수 있다는 장점은 곧 누구나 책을 비난할 수 있다는 단점이기도 했습니다. '신이 없는 자연'이라는 관점은 당시 사회에서는 도저히 받아들여질 수 없는 생각이었고, 다윈은 온갖 인신공격을 당했습니다. 다윈을 원숭이로 희화화한 만평은 지금까지도 진화론자를 조롱하는 상징으로 남아 있습니다. 이 만평에 따

다윈의 《종의 기원》 출간 이후 영국 신문에 등장한 풍자화

르면 진화론을 믿는 사람은 자신의 조상이 원숭이임을 받아들인 것과 다름없었습니다.

그런데 한 가지 유의할 점이 있습니다. 《종의 기원》에 나오는 '생존경쟁'과 '적자생존' 같은 개념을 토대로 다윈이 사회적 약자의 도태를 당연시했으리라고 가정하면 안 된다는 것입니다. 사실 다윈은 인간 사회는 동물의 경우와 다를 것이라고 보았습니다. 인간은 약자에게 공감하고 이들을 적극적으로 도와줌으로써 다른 동물과 차별화된다고 분명하게 밝혔습니다.

하지만 다윈의 생각과 달리 19세기 말 제국주의자들은 다윈의 진화론에서 사회진화론을 발전시키고 이를 토대로 제국주의를 정당화했습니다. 다윈의 이론을 자의적으로 곡해한 것이죠. 다윈은 인간이 다른 인간을 적극적으로 도움으로써 다른 동물과 차별화된다고 했지만 사회진화론자들은 차별과 학살 등을 자연의 이치라고 주장했습니다. 그러면서도 자신들이 다윈의 이론을 더욱 발전시켰다고 주장했죠.

진화론 발표 이후 많은 핍박을 받았음에도 1882년 73세의 나이로 사망할 당시 다윈은 사회에서나 학계에서 널리 공을 인정받았습니다. 다윈은 자신이 40년 넘게 연구 생활을 했던 마을에 묻히기를 원했지만 그의 사망 이후 국가 차원에서 장례식을 거행하자는 요구가 빗발쳤고, 다윈의 아내는 고민 끝에 이 요구를 수용했습니다. 결국 다윈은 웨스트민스터에 묻혔습니다. 또 다른 학문적 거장인 아이작 뉴턴의 옆자리였죠. 다윈은 자신의 연구를 "살인을 고백하는 것"에 빗대었지만 세상은 그의 성취를 제대로 인정한 셈입니다.

## 2 　코페르니쿠스는 어떻게
　　　지동설을 발견했을까?

　　　　　어떤 사안에 대해 혁명적인 변화가 발생했을 때 우리는 이를 코페르니쿠스적 전환이라고 부릅니다. 16세기 초중반에 코페르니쿠스가 당대 모든 유럽인의 상식이던 천동설을 뒤집은 것에서 비롯된 표현이죠.

　　모든 중세인이 지구는 가만히 있고 하늘이 지구를 중심으로 돈다고 생각할 때 코페르니쿠스는 자신의 관찰과 사고를 통해 얼핏 상식과는 동떨어져 보이는 지동설을 내세웠습니다. 그렇다면 코페르니쿠스는 어떤 인물이었기에 이런 대담한 생각을 할 수 있었을까요.

　　니콜라우스 코페르니쿠스는 1473년 오늘날의 폴란드 토룬 지역에서 4남매의 막내로 태어났습니다. 비교적 부유했던 아버지는 코페르니쿠스가 열 살이 되던 해에 사망하고 말았습니다. 다행히도 주교였던 코페르니쿠스의 삼촌이 조카를 책임졌고 이후에도 코페르니쿠스가 경제적 어려움을 겪지 않도록 성당에서 의전 사제의 자리를 주었습니다. 코페르니쿠스가 평생 학문에 몰두할 수 있었던 것도 바로 의전 사제의 직책에서 나오는 수입 덕분이었습니다.

1491년 18세의 코페르니쿠스는 폴란드 크라쿠프대학교에 입학해서 공부를 시작했습니다. 1496년에는 이탈리아 볼로냐대학교로 옮겨가서 공부를 이어 나갔습니다. 본격적으로 천문학에 관심을 가진 것은 이때부터입니다. 코페르니쿠스는 이탈리아로 옮겨가면서 고대 그리스의 천문학 자료들을 접했고 큰 영감을 받았습니다. 물론 의전 사제였던 코페르니쿠스가 공식적으로 공부한 분야는 교회법이었습니다. 대학에서 공부를 시작한 지 12년이 지난 1503년 코페르니쿠스는 페라라대학교에서 교회법으로 박사 학위를 받았습니다.

공부를 마치고 서른 살에 고향 토룬으로 돌아온 그는 자신의 고향을 가리켜 "세상에서 가장 외진 곳"이라 자조적으로 말했습니다. 이후 코페르니쿠스는 자신이 생각하는 세상에서 가장 외진 곳인 고향에서 평생을 살게 됩니다. 처음에 그는 주교의 비서로 일하면서 온갖 잡무를 처리하는 지루한 일상을 보냈습니다. 역설적이게도 다름 아닌 이 참을 수 없는 무료함이 그를 천문학으로 이끌었습니다.

## 코페르니쿠스가 죽기 직전까지 출판을 망설인 이유

1510년 코페르니쿠스는 "짧은 해설서"라 불리는 짧은 원고를 마무리 짓습니다. 지동설의 기본 토대가 담긴 원고였습니다. 그는 이원고에서 고대 그리스 학자들과 그리스 이후 이슬람 학자들의 생각을 이어받아 "지구의 중심점은 세계의 중심점이 아니라 단순히 중력과 달 궤도의 중심점일 뿐"이라고 주장합니다. 그러나 이는 학문적으로 엄밀하게 증명된 주장은 아니었습니다. 자신의 주장을 뒷받침하는 것이 코페르니쿠스의 숙제로 남았습니다. 이런 한계를 인식한 탓인지, 코페르니쿠스는 "짧은 해설서"를 바로 출판하지는 않았습니다. 하지만 머지않아 유럽의 지식인들이 원고의 내용을 알게되었고 코페르니쿠스는 유럽 지식인 사회에서 유명인이 됩니다.

짧은 분량의 "짧은 해설서"가 코페르니쿠스 지동설의 초기 발전과정을 보여준다면 34년 후인 1543년에 출판된 400페이지 분량의 《천구의 회전에 관하여》는 그가 자신의 주장을 어떻게 수학적으로 증명했는지를 보여줍니다. 1543년은 코페르니쿠스가 사망한 해이기도 합니다. 그러면 그는 도대체 언제 책을 쓴 것일까요? 사실 그는 1530년부터 책을 쓰기 시작해 2년 만에 완성했습니다. 이후 두차례에 걸쳐 원고를 검토하고 수정을 마쳤기에 마음만 먹으면 언제든지 책을 출판할 수 있었습니다.

그럼에도 코페르니쿠스는 죽기 직전까지도 책을 출판하지 않았

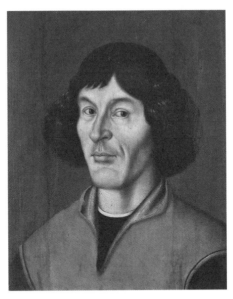

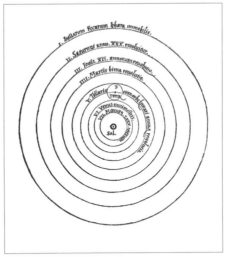

코페르니쿠스(위)와 지동설을 수학적으로 증명한 《천구의 회전에 대하여》의 삽화(아래)

습니다. 사실 제자와 가까운 친구의 계속된 당부가 없었다면 코페르니쿠스는 죽을 때까지 책을 출판하지 않았을지도 모릅니다. 사망하기 1년 전인 1542년에야 책의 서문을 썼다는 사실도 이를 뒷받침합니다. 코페르니쿠스가 출판을 망설인 이유는 자신의 주장에 담긴 함의를 잘 알고 있었기 때문입니다. 지구가 더는 우주의 중심이 아니라면 지구에 살고 있는 인간의 위치도 재고되어야 했던 것이죠. "만물의 중심에는 태양이 있다"라는 자신의 주장이 단순히 천문학적으로만 해석되지는 않으리라는 것을 코페르니쿠스 역시 잘 알고 있었습니다.

책을 공식적으로 출판하지는 않았지만 코페르니쿠스는 이미 유럽 지식인 사회에 널리 알려져 있었기 때문에 교황청뿐만 아니라 마르틴 루터 같은 종교개혁가에게도 요주의 인물이 되었습니다. 동시대를 살았던 루터는 "코페르니쿠스는 천문학 전체를 뒤집어 엎으려고 한다. 성경이 반드시 맞지는 않는다고 하더라도 나는 성경을 믿는다"라면서 기존의 천동설을 버릴 생각이 없음을 분명히 밝혔습니다. 또 다른 종교개혁가 장 칼뱅도 이후 "어느 누가 감히 코페르니쿠스의 권위를 성령의 권위 위에 놓겠는가"라면서 루터와 입장을 같이했습니다.

여기서도 알 수 있듯이 천동설과 지동설은 중세 유럽인에게 단순한 천문학이나 수학의 문제가 아니었습니다. 천동설과 지동설의 문제는 훨씬 더 깊은 차원의 문제, 즉 자신이 살고 있는 세상을 어떻게 이해할 것인지, 그 안에서 인간은 어떤 위치에 있는지를 포괄하는 세계관의 문제였습니다. 코페르니쿠스가 죽기 직전까지 책의 출판을 주저했던 것도 이런 이유 때문이었습니다. 코페르니쿠스는 만약 자신이 책을 출판한다면 이단으로 몰리거나 신변의 위협을 받을 것을 알고 있었습니다.

실제로 코페르니쿠스 사후 그의 주장을 받아들이고 계승한 많은 사람이 고초를 겪어야 했습니다. 예를 들어, 조르다노 부르노는 화형을 당했고 요하네스 케플러는 뛰어난 재능에도 일자리를 찾지 못했습니다. 갈릴레오 갈릴레이가 "그래도 지구는 돈다"는 말을 실제로 했는지는 확인하기 어렵지만 그 역시 수난을 겪었습니다. 지동설을 주장한 많은 사람이 박해를 받은 것에서 알 수 있듯이 중세 유럽인은 지동설이 성경의 내용을 뒤집고 인간의 위치에 의문을 제기한다는 점에 집중했습니다. 그러나 지동설이 가지는 중요한 함의는 이것 말고도 한 가지가 더 있었습니다. 사물의 실재가 우리 감각이 받아들인 것과는 다를 수도 있다는 깨달음이었습니다.

### 일상적 경험과 이성적 관찰의 결과가 충돌할 때

코페르니쿠스는 지구의 공전뿐만 아니라 자전도 주장했습니다. 지구가 태양 주위를 도는 동시에 스스로도 회전하고 있다는 주장

갈릴레이의 종교 재판. 로마 교황청 추기경위원회에서 심문당하고 있다.

은 우리의 일상적인 감각과 경험으로는 도저히 받아들이기 힘들었습니다. 코페르니쿠스는 오랫동안 하늘을 관찰하면서 사람이 일상에서 경험하는 세계와 이성적 관찰로 파악한 세계는 완전히 다를 수 있음을 깨달았습니다. 일상의 경험만으로는 지구가 스스로 돌면서 동시에 태양 주위를 돈다는 것을 상상조차 하기 힘들었습니다. 그러나 코페르니쿠스는 자신이 고안한 합리적 방법으로 관찰한 결과를 선입견 없이 판단하려 했고, 이에 따르면 틀림없이 지구가 자전을 하는 동시에 태양 주위를 공전하는 것으로 보였습니다.

이렇게 일상적 경험과 이성적 관찰의 결과가 충돌할 때 코페르니쿠스는 주저 없이 후자를 택해야 한다고 확신했습니다. 다름 아닌 바로 이 점 때문에 코페르니쿠스가 위대한 것입니다. "코페르니쿠스를 생각할 때면 이성이 얼마나 감각을 무너뜨릴 수 있는지, 그리고 이를 통해 신앙보다 얼마나 우위에 설 수 있는지 놀라울 따름이다." 갈릴레이의 말은 코페르니쿠스가 중세 유럽인의 세계관을 뿌리째 흔들어놓았음을 잘 보여줍니다.

# 3  마키아벨리가 발견한
##     권력의 비밀은 무엇일까?


　　1972년 세계 외교가 냉전의 질서 안에서 진행되던 시기에 미국의 대표적인 외교관이었던 헨리 키신저는 한 기자로부터 이런 말을 들었습니다. "당신 말을 듣고 있노라면 당신이 미국 대통령에게 얼마나 많은 영향력을 행사하는지보다 마키아벨리로부터 얼마나 많은 영향을 받았는지가 더 궁금해질 때가 있습니다." 이 말에 키신저는 격정적인 반응을 보였습니다. 그는 자신이 마키아벨리주의자가 전혀 아니며 마키아벨리로부터 어떤 영향도 받지 않았다고 반박했습니다. 마키아벨리는 지금부터 약 500년 전인 1469년에 태어나 1527년에 사망했습니다. 이렇게 오래전의 인물이라면 대개 아주 큰 잘못을 저지른 경우가 아니고는 사람들의 관심에서 자연스럽게 멀어지거나 너그러운 평가를 받는 것이 보통입니다. 그러나 마키아벨리는 현실 정치인이 아니었음에도 키신저의 격렬한 반응을 끌어냈을 만큼 여전히 평가가 극단적으로 갈리는 인물입니다. 마키아벨리의 사망 이후 현재까지 정치적 진영을 가리지 않고 쭉 그랬습니다. 현대 보수주의의 시조로 불리는 에드먼드 버크는 "마키아벨리의 혐오스러운 격언들이 프랑스 혁명의 민주적 전제정치를 야기했다"고 했습니다. 반면 카를 마르크스는 "민주주의의 에너지를 마비시키려는 자들"에게서 마키아벨리적 정치를 엿본다고 주장했습니다. 오늘날에도 지나치게 냉철하거나 가혹하리만큼 현실적인 정치인은 마키아벨리적이라는 평가를 받습니다.

도대체 마키아벨리는 어떤 말과 글을 남겼기에 지금까지도 여전히 인구에 회자되는 것일까요? 사람들은 흔히 마키아벨리에 대해 알고 싶을 때《군주론》을 읽습니다. 그러나 그가《군주론》에서 하는 이야기를 제대로 이해하려면 우선 그가 어떤 삶을 살았는지 알아야 합니다. 어느 사상가나 마찬가지이지만 마키아벨리 역시 개인적인 경험이 그의 사상에 영향을 미쳤기 때문입니다.

피렌체 출신인 마키아벨리는 아직 29세에 불과했던 1498년 정치 경험이 없었음에도 피렌체 공화국의 제2서기국 서기장이라는 요직에 올랐습니다. 마키아벨리가 이처럼 파격적으로 높은 자리에 오를 수 있었던 데에는 그의 아버지가 큰 역할을 했습니다. 변호사였지만 물질적으로 아주 부유하지는 않았던 마키아벨리의 아버지는 자식이 어렸을 때부터 당대의 지식인에게 필수적으로 요구되

마키아벨리

던 각종 교육을 어떻게든 제공했습니다. 아버지의 지원 덕분에 어린 마키아벨리는 단순히 라틴어만이 아니라 고대 로마의 역사와 철학 그리고 수사학까지 익혔습니다.

이후 마키아벨리는 피렌체대학교에 입학해 인문학을 더 깊이 공부했습니다. 대학에서 마키아벨리를 가르쳤던 마르첼로 아드리아나라는 유명한 학자는 나중에 마키아벨리가 서기장 자리에 오를 때 그를 적극적으로 후원했습니다.

## 당신은 어떤 군주입니까

서기장이 된 마키아벨리는 곧 외교 업무를 담당하게 되었습니다. 외교적으로 피렌체에 중요한 일이 생길 때마다 외국을 방문하여 이에 대한 보고서를 작성하는 것이 마키아벨리의 임무 중 하나였습니다. 이런 업무를 맡은 덕분에 마키아벨리는 피렌체를 벗어나 여러 도시와 국가의 지도자를 만날 수 있었고, 이때의 경험을 토대로 훗날《군주론》집필을 완성하게 됩니다.

1499년 마키아벨리는 포를리의 지도자였던 카테리나 스포르차를 만났습니다. 피렌체는 1년 전에 카테리나와 맺은 무역 계약을 자신들에게 유리한 방향으로 재계약하고자 했고, 마키아벨리가 카테리나와 직접 협상하는 업무를 맡았습니다. 마키아벨리는 당시로서는 드물던 여성 지도자인 카테리나와의 협상에서 큰 감명을 받았습니다. 카테리나가 여러 재촉이나 위협에도 뜻을 굽히지 않고 결국 자신이 원하는 방향으로 계약을 진행시켰기 때문입니다. 마키아벨리는 훗날《군주론》에서 그를 높게 평가했습니다. 카테리나는 자국의 신민들이 지도자에게 적대감을 드러낼 때도 권력을 지킨 유능한 지도자였기 때문입니다.

한편 다음 해인 1500년 마키아벨리는 피렌체의 대표로서 프랑스의 루이 12세와 만나는 중요한 임무를 맡았습니다. 이때 피렌체는 피사와 전쟁 중이었고 프랑스가 피렌체를 지원했습니다. 그런데 막상 프랑스 지원군은 전투에 아무런 도움이 되지 못했습니다. 마키아벨리는 프랑스의 지원이 실패한 것이 피렌체의 책임이 아니라 프랑스 사령관의 무능 탓임을 루이 12세에게 납득시켜야 했습니다.

프랑스에 도착한 마키아벨리는 크게 놀랐습니다. 루이 12세는 지난 전투에서 누가 잘못했는지, 누구에게 책임이 있는지에 별다른 관심이 없었기 때문입니다. 루이 12세는 과거의 일을 묻지 않고 앞으로 프랑스가 피렌체로부터 무엇을 기대할 수 있는지 물었습니다. 루이 12세는 이탈리아 지역에서 도시들 간의 복잡한 분쟁이 많다는 것을 알았기 때문에 이 지역의 전망을 좋게 보지 않았습니다. 마키아벨리에게 피렌체와 이탈리아는 세상의 중심이었지만 루이 12세에게는 일종의 골칫거리에 불과했던 것이죠.

태어나서 줄곧 이탈리아에만 머물던 마키아벨리는 6개월간 프랑스 궁정에서 지내며 매우 큰 충격을 받습니다. 프랑스 같은 강대국이 보기에 갈가리 쪼개져 있던 이탈리아 도시들이 얼마나 힘없고 불안한 상황이었는지를 깨달았던 것입니다. 자국에 보내는 보고서에 마키아벨리는 "프랑스는 군사력이 뛰어나거나 경제력이 아주 강한 국가만을 존중한다. 우리에게는 이 모든 것이 부족하다"고 자조적으로 적었습니다. 이때의 깨달음을 토대로 마키아벨리는 이후 《군주론》을 쓸 때 어떻게 하면 이탈리아의 도시국가들이 다시 예전의 힘과 명성을 되찾을 수 있을지 골몰하게 됩니다.

15세기 말 피렌체(위)와 16세기 파리(아래)
피렌체를 세상의 중심으로 생각했던 마키아벨리에게 파리의 모습은 충격적이었다.

6개월간의 프랑스 출장을 마치고 피렌체에 돌아온 마키아벨리는 곧바로 또 다른 외교 현안에 집중해야 했습니다. 1501년 로마냐 지역의 공작 자리에 오른 체사레 보르자(교황 알렉산데르 6세의 사생아)는 전방위적인 군사 확장을 시도했고 피렌체는 이를 막아야 했습니다. 초기에 성공을 거둔 보르자는 곧 이탈리아에서 새로운 실세로 큰 명성을 쌓았고 자신에게 유리한 조건으로 피렌체에 동맹을 제안했습니다.

1502년 10월 마키아벨리가 보르자의 궁정에 파견됩니다. 마키아벨리는 협상 초기에 보르자와 단둘이 대화하면서 깊은 인상을 받았습니다. 마키아벨리는 피렌체에 보내는 보고서에서 그를 "용기에 있어서는 초인간적이고, 계획을 위해서는 큰 그림을 그릴 줄 알며, 자신이 원하는 모든 것을 달성할 수 있을 것이라고 믿는 대범한 인물"이라고 극찬했습니다. 보르자는 마키아벨리의 칭찬에 걸맞게 실제 통치에서도 "자신이 모든 것을 통제하며, 극도로 비밀리에 일을 처리"하는 유형으로 보였습니다. 마키아벨리의 첫인상에 따르면 보르자는 "이제 이탈리아 정국에서 아주 중요한 역할을 할 인물"로 주목해야 했습니다.

그러나 4개월이 넘는 비교적 긴 기간 동안 보르자와 만나면서 마키아벨리는 입장을 바꾸게 됩니다. 보르자는 스스로 말하는 원대한 계획에 걸맞지 않게 치밀함과는 거리가 멀었던 것입니다. 마키아벨리는 피렌체에 보내는 보고서에 "시간이 지날수록 공작의 성공이 오로지 초기의 큰 운에 따른 것이라는 생각을 버릴 수가 없다"면서 보르자를 평가절하했습니다. 이런 의심은 다음 해 교황들의 연이은 사망으로 새로운 교황을 선출하는 과정을 관찰하기 위해 마키아벨리가 로마에 파견되면서 확신으로 바뀌었습니다. 보르자는 교황 선출에 영향력을 행사하면서 처음에 지지하던 후보 대신 율리오 2세를 교황 후보로 내세웠습니다. 보르자가 갑자기 입장을 바꾼 데에는 그럴만한 이유가 있었습니다. 보르자는 율리오 2세로부터 교회군 총사령관의 자리를 약속받았던 것입니다.

마키아벨리가 보기에 문제는 보르자가 갑자기 지지 후보를 바꾼 것이 아니었습니다. 오히려 자국에 이익만 된다면 충분히 할 수 있는 일이었습니다. 그가 생각한 진짜 문제는 보르자의 아버지가 예전에 율리오 2세를 10년 가까이 추방한 전적이 있다는 것이었습니다. 이런 악연 때문에 율리오 2세는 막상 교황 자리에 오르자 애초의 약속과는 달리 보르자를 견제했습니다. 율리오 2세가 보복할 것을 충분히 예상할 수 있었음에도 이를 인식하지 못한 것이 보르자의 결정적인 무능이었죠. 결국 마키아벨리의 예상대로 보르자는 일단 교회군 총사령관 자리를 약속받기는 했지만 교황과의 권력 싸움에서 점점 밀려났습니다. 마키아벨리는 보고서에서 "앞으로의 정세를 논할 때 이제부터는 보르자를 생각하지 않아도 된다"면서 그에 대한 평가를 마쳤습니다.

물론 마키아벨리는 가까이서 지켜본 율리오 2세에 대해서도 그

체사레 보르자와 협상을 벌이고 있는 마키아벨리

다지 긍정적인 평가를 내리지는 않았습니다. 율리오 2세에 대한 부정적인 평가는 특히 1510년 그가 별다른 준비나 계획 없이 프랑스에 선전포고를 하면서 완전히 굳어졌습니다. 앞서 언급한 대로 마키아벨리에게 프랑스는 당대의 새로운 강대국으로 깊은 인상을 남겼습니다. 이런 프랑스에 치밀한 계획 없이 선전포고를 한다는 것은 마키아벨리가 보기에 전혀 이해되지 않는 행동이었습니다. 마키아벨리는 "자신의 신성함 말고도 또 다른 근거가 나중에 드러났으면 좋겠다"면서 일단 율리오 2세를 지켜보았습니다.

한편 이 시기에 마키아벨리는 다시 한번 외국으로 출장을 갔습니다. 이번에는 신성로마제국의 황제인 막시밀리안 1세를 만나야 했습니다. 마키아벨리는 이때까지 만난 지도자들에 대해 전체적으로는 부정적인 평가를 내리면서도 항상 일부 긍정적인 점을 함께 언급했지만 막시밀리안 1세에 대해서만은 달랐습니다. 마키아벨리는 첫인상부터 막시밀리안 1세에게 실망했습니다. 주관이 매우 약하고 주변 신하들의 말에 잘 휘둘렸기 때문입니다. 그의 궁정에서는 누구도 그가 미래에 어떤 정책을 펼칠지 예상할 수 없었습니다. 그리고 무능력한 막시밀리안 1세로 인한 불행은 그의 통치를 받는 신하와 백성들이 감당해야 했습니다.

## 권력과 통치의 본질을 질문하다

첫 임무를 맡고 10년 이상 지났을 때 마키아벨리는 이탈리아 작은 도시들의 지도자부터 프랑스 왕과 신성로마제국의 황제까지 당대 유럽의 주요 통치자들을 대부분 만나고 이들에 대한 평가를 마치게 됩니다. 마키아벨리가 보기에 유럽의 통치자들은 모두 한 가지 치명적인 단점을 가지고 있었습니다. 그들 중 어느 누구도 시시각각 변하는 정세에 맞게 스스로를 바꾸는 능력이 없었던 것입니다. 어떤 통치자는 지나치게 대담했던 반면, 어떤 통치자는 지나치게 신중했습니다. 어떤 통치자는 지나치게 잔혹한 반면, 어떤 통치자는 지나치게 자비로웠습니다.

그러나 마키아벨리가 이들을 모두 부정적으로 평가한 것은 단순히 이들의 특정한 성향 때문만은 아니었습니다. 마키아벨리가 보기에 결정적인 문제는 정치적인 상황이 달라질 때마다 정치인에게 요구되는 덕목 역시 달라진다는 것이었습니다. 즉 어떤 상황에서는 대담함이 요구되는 반면, 어떤 상황에서는 신중함이 요구되기도 했습니다. 그런데 유럽의 통치자들은 상황에 맞게 유연하게 변화하는 법을 몰랐습니다. 대담함이 필요한 상황에서는 대담함을 갖춘 지도자의 국가가 우연히 번성하지만 곧 상황이 바뀌어 신중함이 요구되면 이전에 대담함으로 성공한 지도자와 국가는 몰락해버린다는 것이 마키아벨리의 진단이었습니다.

한편 교황 율리오 2세의 프랑스에 대한 선전포고는 마키아벨리 개인의 인생에도 재앙적인 결과를 초래했습니다. 사건은 율리오 2세가 프랑스와의 전쟁을 위해 이탈리아에 스페인군을 주둔시키면서 시작되었습니다. 스페인군은 처음에는 프랑스군을 방어해줬지만 머지않아 교황의 이익이 아니라 스스로의 이익을 위해 피렌체를 공격했습니다. 피렌체 공화국은 사실상 해체되었고 그 결과 예전에 피렌체를 지배했던 메디치 가문이 다시 도시의 권력을 잡게 됩니다. 공화정 체제에서 외교관으로 일했던 마키아벨리 역시 자리를 내려놔야 했습니다. 심지어 마키아벨리는 자신이 실제로는 관여하지 않은 메디치 가문에 대한 음모에 얽혀 고문을 받고 감옥

《군주론》

에 갇히기까지 했습니다.

마키아벨리에게는 커다란 시련이었지만 역설적이게도 그 덕분에 인류의 지성사는 더욱 풍성해졌습니다. 20대 후반의 젊은 나이에 엘리트 코스를 밟기 시작해 10년이 넘는 기간 동안 유럽을 돌아다니며 외교적 경험을 쌓은 마키아벨리가 과중한 업무에서 벗어나 《군주론》을 쓴 것이 이때였기 때문입니다.

사실 마키아벨리가 《군주론》을 쓰기 시작한 계기는 아주 개인적인 것이었습니다. 새로 집권한 메디치 가문에게 자신이 경험 많은

인물이고 통치에도 쓸모 있는 인재임을 《군주론》을 통해 보여주고
자 했던 것입니다. 이후 《군주론》은 근대 정치학의 탄생을 알린 고
전으로 남았지만 마키아벨리 자신에게 《군주론》 집필은 철학이나
정치학이 아닌 생존의 문제였습니다. 그리고 생존을 위해 발버둥
치는 과정에서 탄생한 《군주론》이 그의 사후 진영을 가리지 않고
그를 혐오하는 이들로부터도 반드시 한 번쯤은 읽히는 고전으로
남게 됩니다.

# 4　산업혁명은 인간의 삶을
　　어떻게 바꿔놓았을까?


　　18세기 중반 영국은 역사상 유례없는 대격변의 시기를 맞았습니다. 이 대격변은 이후에 "산업혁명"이라고 불리게 됩니다. 산업혁명은 상품 생산량의 폭발적인 증가와 함께 인간의 생활수준을 개선한 중요한 사건이었습니다. 그러나 산업혁명이 단순히 경제 분야에만 영향을 끼쳤던 것은 아니었습니다. 산업혁명은 인류가 한 번도 경험하지 못한 변화들을 낳았기 때문에 인류의 역사 자체를 불가역적으로 뒤흔들어놓은 것으로 평가됩니다.

　산업혁명은 영국 사회가 18세기 중반을 지나며 몇 가지 기술에서 혁명적인 발전을 이뤄내면서 시작됐습니다. 첫 번째는 면직물 분야의 발전이었습니다. 1733년 존 케이가 발명한 '나는 북', 1764년 제임스 하그리브스가 발명한 '제니 방적기', 그리고 1769년 리처드 아크라이트가 발명한 수력 방적기 등 일련의 기술 발전에 힘입어 인간의 수작업에 의해 돌아가던 면직물 공업이 자동화되기 시작했습니다.

이에 따른 폭발적인 생산력 증가를 감당하기 위해서는 생산에 필요한 원재료, 즉 면화가 대규모로 필요했습니다. 영국 내에서 필요한 면화를 모두 구할 수 없었기 때문에 산업혁명 시기에 면화의 수입량 또한 기하급수적으로 증가했습니다. 1750년 250만 파운드(약 113만 킬로그램) 정도였던 영국의 면화 수입량은 1800년에는 5200만 파운드(약 2360만 킬로그램)로 폭발적으로 증가했습니다. 수입된 면화는 공장으로 옮겨져서 가공되었고 이렇게 완성된 제품은 영국에서만 소비하기에는 많았습니다. 영국은 전 세계로 생산품을 수출했습니다. 영국이 세계 경제를 선도한 시기가 바로 이때였습니다.

영국의 산업혁명을 이끌었던 두 번째 기술 발전은 바로 증기기관이었습니다. 스코틀랜드의 제임스 와트는 10여 년간의 실험 끝에 1770년대에 증기기관을 완성했습니다. 와트 이전에 18세기 초반에도 초보적인 형태의 증기기관이 발명되긴 했지만 기술 개량을 거친 와트의 증기기관은 이전의 증기기관에 비해 5분의 1에서 10분의 1에 불과한 연료만을 사용했습니다. 훨씬 효율적이었죠. 와트의 증기기관은 발명 즉시 광산에서 쓰였습니다. 얼마 지나지 않아 기차와 배의 동력기관으로도 사용되었습니다.

이외에도 17세기 중반에서 18세기 초반을 서치면서 제철, 시멘트, 유리 분야에서도 혁신적인 기술 발전이 일어났습니다. 이런 기술 혁신은 증기기관과 더불어 영국 산업의 생산성을 획기적으로 개선했고, 특히 새로운 건축 자재와 기계 부품의 생산에 중요한 기초를 제공했습니다. 새로운 기술 덕분에 더욱 견고하고 효율적인 기계 사용이 가능해졌고 이는 공업화와 도시화를 촉진했습니다.

18세기 중반부터 19세기 중반까지 한 세기 동안 진행된 장기적인 발전 과정이었기 때문에 일부 역사학자는 '산업혁명'보다는 '산업화'라는 용어가 더욱 적당하다고 주장하기도 합니다. '혁명'이라는 단어에 내포된 단기적인 면이 아니라 보다 장기적인 면을 강조하고 싶어 하는 것이죠.

그렇다면 산업화는 18세기와 19세기를 살아가던 영국인의 삶을 어떻게 바꾸었을까요? 의심의 여지없이 영국인의 전반적인 생활 수준을 개선했습니다. 무엇보다도 증기기관 덕분에 식량이 보다 빠르게 운반될 수 있었던 것이 결정적인 역할을 했습니다. 새로운 기술과 운송수단의 발전으로 산업화 이전 시대에 비해 농업 인구의 비중은 줄었지만 식량 사정은 나아지는 역설적인 현상이 벌어졌습니다.

생활수준의 향상은 가장 먼저 인구 증가를 가져왔습니다. 오늘날 우리는 시간이 지나면 인구가 자연스럽게 증가한다고 생각하지만 사실 전근대사회에서 인구는 꾸준히 증가하기보다는 정체되어 있었고 이따금 전쟁이나 천재지변이 일어나면 줄어들기도 했

19세기 초 영국의 방적 공장

습니다. 그런데 1700년부터 1740년까지 600만에 머물렀던 영국 인구는 산업화와 함께 기하급수적으로 증가해서 1800년에는 830만, 1850년에는 1680만, 그리고 1900년에는 3000만을 돌파했습니다. 산업화와 함께 인구가 50년마다 2배 가까이 증가한 것입니다.

## 언제든 대체 가능한 부품으로 전락하다

하지만 "인생은 멀리서 보면 희극, 가까이서 보면 비극"이라는 말이 있듯이 산업화 역시 인구 증가만으로는 그 역사적 의미를 온전히 설명할 수 없습니다. 산업화의 의미를 제대로 보기 위해서는 그 상징인 공장에 대한 고찰이 필요합니다. 산업화 이전에는 대부분의 상품이 가내수공업으로 생산되었습니다. 가내수공업 체제하에서는 농촌의 각 가정이 자신의 집에서 만들 수 있는 물건을 알아서 만들어 시장에 팔았습니다. 각각의 가정에서 물건을 만들다 보니 복잡한 물건은 만들 수 없었습니다. 당시 가장 대표적인 생산품은 면직물로서 가정별로 자기 소유의 베틀 한두 개를 놓고 여유 시간에 생산하는 정도였습니다. 가정별로 농사를 짓고 남는 시간에 물건을 만들다 보니, 전체적인 생산량 역시 많지 않았습니다. 그런데 산업화와 함께 공장이 들어서면서 이러한 생산방식은 완전히 바뀌었습니다.

가장 먼저 분업이 발전했습니다. 산업화 이전에는 하나의 상품을 처음부터 끝까지 한 명의 생산자가 온전히 만들어냈습니다. 덕분에 생산자는 전문가가 될 수 있었지요. 하지만 공장이 들어서면서부터는 더 이상 그럴 수 없었습니다. 노동자는 전체 생산 과정에서 하나의 작업만을 반복하게 되었고 이는 특정 노동자가 언제든지 다른 노동자에 의해 대체될 수 있다는 뜻이었습니다. 이로써 노동자는 하나의 부품에 가까워졌습니다. 노동자의 성격 변화는 이전과는 다르게 노동자가 더 이상 생산 시설을 직접 소유하지 않게 되면서 더욱 부각됐습니다. 이전에는 생산자가 작은 규모일지언정 자신이 소유한 생산 시설로 물건을 만들어냈지만 이제는 자본가들이 투자한 생산 시설에서 노동력만을 제공하게 되었습니다.

공장의 노동자가 기술자가 아니라 언제든 대체 가능한 부품으로 여겨지면서 공장주, 더 정확하게 자본가는 노동자의 노동환경에 신경 쓸 필요가 없었습니다. 자신의 공장에서 일하는 어떤 노동자가 과도한 노동으로 인해 병에 걸리거나 노동 중에 다쳤다고 해도 언제든 그를 다른 노동자로 대체해버리면 그만이었습니다. 이에 따라 자본가는 노동자에게 최소한의 임금만을 주고 최대한 많은 노동량을 쥐어짜내고자 했습니다. 많은 노동자가 생계에 필요한 최소한의 식량만을 구매할 수 있을 정도의 적은 임금을 받았고 일부 자본가는 이마저도 아까워서 현금 대신 공장의 생산품을 임금으로 주기까지 했습니다.

일부 노동자는 돈을 아끼기 위해 집을 나눠 쓰기도 했습니다. 부부 노동자가 침대 하나를 다른 노동자에게 세를 놓아 함께 사용하는 경우도 적지 않았습니다. 즉 침대의 반을 세놓아 부부와 또 다른 노동자, 총 세 명이 함께 한 침대를 사용한 것입니다. 산업화 초기에 일부 노동자가 러다이트 운동, 즉 기계 파괴 운동을 벌인 것은 너무나도 열악한 노동환경에 대한 반발이기도 했습니다.

그런데 이렇게 열악한 대우를 받던 노동자 중에도 특히나 열악한 환경에 처한 집단이 있었습니다. 바로 아동 노동자였습니다. 아직 아동의 노동환경에 대한 본격적인 법적 규제가 없던 산업화 초기에 많은 자본가가 더 적은 임금을 줘도 된다는 이유로 아동을 고

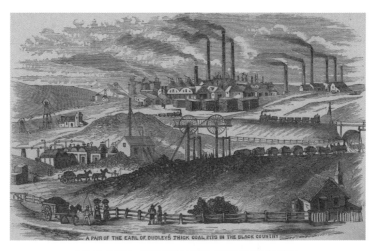

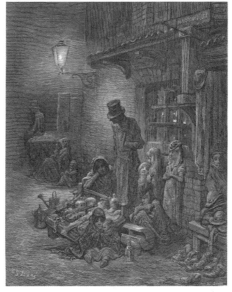

공장이 있는 도시의 풍경(위)
산업혁명 이후 노동자의 빈곤을 그린 삽화(아래)

용했습니다. 아동은 성인 남성의 10~20퍼센트에 불과한 임금을 받으며 하루 15시간, 많게는 18시간 가까이 일했습니다. 네 살밖에 안 된 아이가 공장이나 광산에서 하루 종일 일하는 경우도 쉽게 볼 수 있었습니다. 열악한 환경에 처한 노동자 가족이 한 푼이라도 더 벌기 위해 어쩔 수 없이 자신의 자식을 공장에 보냈기 때문에 아동 노동 문제는 대를 이어 반복되는 악순환을 가져오게 됩니다.

당시 아동 노동 실태를 짐작해보기 위해서는 1833년과 1844년에 통과된 공장법을 살펴보는 것이 큰 도움이 됩니다. 최초로 아동 노동을 규제한 이 법은 11~18세의 노동자는 하루 최대 12시간, 9~11세의 노동자는 하루 최대 8시간의 노동만을 하도록 정했습니다. 법으로 정한 최소 노동시간이 이 정도라면 실제 공장에서는 얼마나 심각한 상황이 벌어졌을지 유추할 수 있습니다. 이 법이 통과될 때 많은 자본가가 여러 이유를 들어 반대했습니다. 자본가 집단은 공장법이 통과될 경우 영국의 산업 경쟁력이 떨어질 것이라든가, 아동 노동량의 감소로 노동자 가구의 소득 역시 줄어들 것이라는 논리를 펼쳤습니다.


### 노동자 계급의식의 형성

산업화 초기에 목소리를 내기 어려웠던 노동자가 권리를 지키기 위해 선택한 방법이 바로 조직을 갖추는 것이었습니다. 이는 노동자 개개인은 언제든 잠재적인 노동자에 의해 대체될 수 있기 때문에 자본가에 맞설 수 없지만 한 공장의 노동자 전체, 더 크게는 한 산업 분야의 노동자 전체가 조직을 갖추게 되면 자본가도 쉽게 노동자를 무시할 수는 없을 것이라는 생각에 기반한 것이었습니다. 이렇게 탄생한 노동조합은 자본가에게 노동환경의 개선을 요구했고 자본가가 이를 수용하지 않으면 파업으로 타격을 줬습니다. 그러나 오늘날 노조 결성의 권리가 헌법에 보장된 것과는 달리 산업화 초기만 해도 노조는 사회적으로 그 존재 자체가 극심한 논란의 대상이었고 많은 경우 파업은 국가의 무력에 의해 폭력적으로 진압되었습니다.

노조의 등장이라는 사실 이상으로 이후 역사에서 더욱 중요한 역할을 한 것은 노동자의 계급의식의 형성이었습니다. 시간이 지나면서 점점 더 많은 노동자가 자신이 노동자계급이라는 한 집단에 속한다는 의식을 가지기 시작했습니다. 몇몇 사람은 여기서 한 걸음 더 나아가 어쩌면 자신이 어느 민족에 속하는지보다 어느 계급에 속하는지가 더 중요하지 않을까라고 생각하기에 이르렀습니다. 예를 들어 프랑스 노동자는 같은 프랑스인인 자본가보다는 비록 민족은 다르더라도 같은 계급에 속하는 독일 노동자와 더 비슷한 이해관계와 동질감을 가지고 있다는 것입니다. 많은 노동운동가는 시간이 지날수록 점점 더 많은 노동자가 이런 생각을 공유하

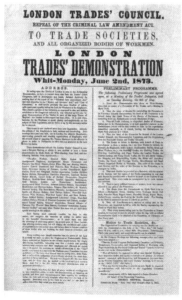

19세기 초 노동자들의 기계 파괴 운동(위)
근로조건 개선과 노동자 권익 옹호를 요구하는 집회를 홍보하는 포스터(아래)

게 될 것이라고 믿었습니다.

마르크스가 이후 유럽뿐만 아니라 세계를 관통할 작은 책자인 《공산당 선언》에서 "만국의 노동자여, 단결하라!"라고 말할 때 굳이 "만국"이라고 언급한 것은 바로 이 때문입니다. 물론 이런 생각은 세계대전과 같이 민족국가 간의 전쟁이 벌어질 때마다 대부분의 노동자가 전쟁에 적극적으로 참여하면서 큰 착각인 것으로 드러났습니다. 그러나 만국 노동자의 단결을 주창하는 이 문장 못지않게 이후 역사에서 중요하게 작용한 것은 바로 그 앞 문장이었습니다. "노동자가 혁명에서 잃을 것은 사슬뿐이요, 얻을 것은 전 세계다"라는 문장입니다.

노동자계급이 역사 발전의 주체라는 새로운 의식은 19세기 이후 유럽과 세계 역사를 관통하는 하나의 축으로 작용합니다. 영국의 역사학자 에릭 홉스봄이 산업혁명을 프랑스 혁명과 함께 19세기 유럽 역사의 시작을 알렸던 "이중혁명" 중 하나라고 표현한 것은 바로 이 때문입니다. 이제 유럽은 더 이상 왕, 귀족, 성직자, 그리고 농민이라는 전근대적 틀로는 설명할 수 없는 시대로 접어들었습니다.

# 5   마르크스의 사상은 어떻게 탄생했을까?

 카를 마르크스는 19세기와 20세기 세계사의 진행에 가장 큰 영향을 끼친 인물 중 하나입니다. 마르크스의 사상이 옳다고 생각하는 이들이 있는가 하면 말도 안 된다고 생각하는 이들도 있으며, 보다 중립적으로 학문적인 관점에서 마르크스의 사상에 접근하는 이들도 있습니다. 어느 쪽이든 마르크스를 빼놓고는 마르크스 이후의 역사를 온전히 이해할 수 없다는 것은 자명합니다.

 카를 마르크스는 1818년 5월 5일 오늘날 독일 서부에 위치한 트리어에서 유대인인 아버지 하인리히와 어머니 헨리에테의 셋째 자녀로 태어났습니다. 마르크스는 1830년 우리의 인문계 중고등학교와 유사한 김나지움에 입학해 1835년 우수하기는 하지만 아주 뛰어나지는 않은 성적으로 졸업합니다. 이후 마르크스는 변호사였던 아버지의 권유대로 본대학교에서 법학을 공부하기 시작합니다.

그러면서 고전문헌학, 역사, 미술사 등의 수업도 들으며 폭넓은 공부를 했습니다. 1836년에는 본에서 베를린으로 대학을 옮겨 공부를 계속했고 1839년부터는 박사 논문을 준비하기 시작합니다. 이때 마르크스는 지금까지 공부했던 본이나 베를린이 아닌 예나대학교에 박사 학위 논문을 제출합니다. 후대의 사람들은 마르크스가 프로이센의 중심지인 베를린의 보수성에 불만을 품고 대학을 옮겼을 것이라고 추측했지만, 이때까지만 해도 마르크스는 정치적으로 급진적이지 않았고 베를린에 대해 정치적 불만을 가졌다는 기록도 없습니다.

역사학자들은 마르크스가 대학을 옮긴 이유를 베를린이 아닌 예나에서 찾습니다. 예나대학교는 당시까지만 해도 "박사 공장"이라는 좋지 않은 평판을 가지고 있었습니다. 예나대학교의 교수들은 학교로부터 보수를 제대로 받지 못해서 학생들로부터 최대한 돈을 벌어들이려고 했습니다. 그래서 구두 시험도 없이 박사 논문을 통과시켜주는 일이 많았습니다. 결과적으로 마르크스는 2년 후인 1841년에 논문을 제출하고 정식으로 박사가 됩니다. 이때 논문 심사를 맡았던 교수들의 평가서에는 마르크스의 논문이 "명민함, 통찰력, 그리고 박식함"을 보여준다고 쓰여 있었지만 역사학자들은 상황상 교수들 중 누구도 마르크스의 논문을 제대로 읽지 않았을 것이라고 추정합니다.

박사가 된 마르크스는 학자로서의 삶을 이어나갈 생각으로 본

영국 런던 하이게이트 공원묘지에 있는 마르크스 묘지

으로 돌아왔지만 곧 이 희망을 접어야 했습니다. 예나에서 받은 박
사 학위가 제대로 인정받지 못했을 뿐만 아니라 대학생 시절부터
자신을 도와주고 후원해주었던 본대학교 교수가 프로이센으로부
터 정치적 탄압을 받고 물러나야 했기 때문입니다.


## 저널리스트 마르크스

결국 마르크스는 당시 많은 박사가 교수가 되지 못했을 경우 선택한 길을 택했습니다. 바로 언론인의 길이었습니다. 마르크스는 1841년 12월부터 자신에게 일자리를 제안한 라인 신문사에 취직했습니다. 1842년 5월부터 본격적으로 기사를 쓰기 시작한 마르크스는 정부에 비판적인 글들을 실으며 승승장구했습니다. 역사적으로 수많은 사람을 매료시킨 글솜씨에서 짐작해볼 수 있듯이 마르크스가 기사를 게재하면서 구독자 수는 400명에서 순식간에 3400명으로 늘어났고 마르크스는 몇 달 후인 10월에는 편집 총책임을 맡게 되었습니다. 그러나 프로이센에 대해 계속 비판적인 글을 쓰던 마르크스는 곧 탄압받기 시작했고, 다음 해인 1843년 3월에는 공개적으로 "작금의 검열 상황"때문에 편집부에서 물러난다는 글을 발표했습니다.

이런 공개적인 반발을 계기로 마르크스는 보다 많은 대중에게 본격적으로 알려지기 시작했습니다. 그러나 이때까지만 해도 마르크스의 정부 비판은 정부의 무능이나 비효율적인 일처리에 집중한 것이었고 우리가 마르크스 하면 떠올리는 자본주의 자체에 대한 비판은 아직 찾아보기 힘들었습니다. 당시 사회주의 움직임이 가장 활발하게 전개되던 곳은 독일 지역이 아닌 프랑스 지역이었고, 마르크스는 이제 막 프랑스에서 일어나던 지적 움직임들을 접하고 있는 단계였기 때문이었습니다.

정부를 공개적으로 비판하고 신문사에서 나온 마르크스가 일자리를 찾을 수 있는 곳은 이제 외국밖에 없었습니다. 마르크스는 인

〈라인 신문〉을 발행하는 마르크스와 엥겔스

맥을 총동원한 끝에 프랑스 파리로 가기로 했고, 이주 전에 7년째 약혼 관계였던 예니와 결혼식을 치릅니다. 1843년 10월 파리로 이사를 마친 마르크스는 곧 수많은 작가, 예술가, 언론인, 학자들과 교류를 시작합니다. 특히 프랑스 사회주의의 거두 피에르 조제프 프루동과의 만남은 마르크스의 사상과 삶에 아주 큰 영향을 끼쳤죠. 마르크스는 또한 애덤 스미스를 비롯한 고전 경제학자들에 대한 비판도 이 시기부터 본격화했습니다. "소외"와 같은 공산주의의 핵심 개념들, 그리고 많은 이들에게 알려지게 될 "철학자들은 지금까지 세계를 다양하게 해석해왔을 뿐이다. 중요한 것은 세계를 변화시키는 것이다"라는 구절 등이 이 시기의 메모에 등장했습니다.

그러나 파리에서의 삶도 순탄하게 흘러가지는 않았습니다. 마르크스는 파리에서 발행되는 한 독일 언론사에서 일하기로 하고 파리에 온 것이었는데, 신문사는 약속했던 임금을 제대로 지급하지 않았을 뿐만 아니라 마르크스에게 신문을 주고는 이를 팔아 체불된 임금을 보충하라고 했습니다.

임금 체불 말고도 마르크스에게는 한 가지 어려움이 더 있었습니다. 바로 프랑스 당국의 검열이었습니다. 이미 마르크스에 대한 정보를 입수한 프랑스 정부가 처음부터 마르크스의 활동을 감시했던 것입니다. 파리의 프로이센 대사관도 마르크스가 도착한 직후 프랑스 정부에 마르크스를 주의할 것을 요청했습니다. 이런 상황에서 마르크스가 계속 프로이센 정부에 비판적인 글을 쓰면서 동시에 프랑스 내 각종 시위를 격려하는 글을 게재하자 프랑스와 프로이센은 마르크스를 프랑스에서 추방하기로 했습니다.

마르크스는 더 이상의 위협으로부터 벗어나기 위해 고향 트리어에 연락해 자신이 미국으로 이민을 떠날 것이며 프로이센 국적을 공식적으로 박탈해달라고 요청합니다. 이후로 마르크스는 사망할 때까지 무국적자가 됩니다.

## 사회주의 이론가로 발돋움하다

1845년 마르크스는 이후 죽을 때까지 동지가 될 프리드리히 엥겔스와 함께 영국의 산업화 과정을 눈으로 직접 보기 위해 영국 여행을 떠납니다. 이제 마르크스의 메모와 글에는 생산력 발전, 노동의 분업화와 같이 공산주의 이론의 핵심이 될 개념들이 점점 체계적으로 등장하기 시작했습니다. 동시에 "철학의 빈곤, 프루동의 빈곤의 철학에 대한 답변"과 같은 글 제목에서도 알 수 있듯이 프랑스에서 교류한 사회주의자들에 대한 비판도 본격화되었습니다. 이를 모국어인 독일어가 아닌 프랑스어로 출판했다는 것은 사회주의 움직임이 활발했던 프랑스에서 자신을 사회주의 이론가로 내세우고자 했던 마르크스의 의도를 잘 보여줍니다. 이 시점부터 마르크스는 이론가로 급부상해서 영국을 비롯한 각종 지역의 노동자 단체들로부터 초청을 받기 시작합니다.

여지껏 프로이센 정부의 무능력을 비판하는 데 집중했던 마르크스는 어느덧 사회주의 이론가로 국제적인 명성을 갖게 되었습니다. 그리고 마르크스는 자신의 대표작 《공산당 선언》을 발표합니다. 그 직후 마침 1848년 혁명이 시작되면서 20여 쪽밖에 안 되는 짧은 이 글은 빠른 속도로 유럽 대부분 국가의 언어로 번역됩니다. "하나의 유령이 유럽을 떠돌고 있다. 공산주의라는 유령이"라는 우리에게도 잘 알려진 강렬한 문장으로 시작하는 이 글은 이후

카를 마르크스(위), 프리드리히 엥겔스(아래)

공산주의의 경전이 되었습니다.

마르크스가 유명 인사로 명성이 높아진 것과 별개로 그와 가족의 삶은 나아지지 않았습니다. 이미 프로이센과 프랑스에서 추방당한 경험이 있던 마르크스는 브뤼셀에서도 추방당했고, 1848년 6월에는 다시 한번 혁명 후의 파리에 머물게 되었습니다. 이 무렵 1848년 혁명은 빠른 속도로 시들해졌지만 마르크스는 또 다른 혁명이 임박했음을 의심하지 않았습니다. 그러나 현실은 마르크스의 바람대로 돌아가지 않았고, 새로운 정부는 또다시 마르크스와 그 가족을 프랑스에서 추방했습니다. 결국 1849년 8월 마르크스는 런던으로 망명을 떠납니다.

이 무렵 영국에는 유럽 대륙 곳곳에서 정치적 망명을 해야 했던 이들이 모여들고 있었습니다. 영국 정부가 각국 정부의 탄압을 피해 영국으로 온 정치 난민들을 굳이 추방하지 않았기 때문입니다. 다른 나라들과는 달리 이들이 주고받는 편지도 검사하지 않았습니다. 런던에 살게 된 마르크스도 이전에 비해서는 자유롭게 지낼 수 있을 듯했지만 현실은 순탄치 않았습니다. 마르크스는 1849년에 태어난 아들이 다음 해 사망하는 것을 지켜봐야 했고, 1850년 4월에는 월세 낼 돈이 없어 잠시 거리에서 살아야 했습니다. 마르크스의 아내는 1851년 딸을 출산했지만 이 딸 역시 다음 해 곧바로 사망했습니다. 1855년에는 여덟 살이었던 다른 딸의 죽음도 지켜봐야 했고 1857년에도 갓 태어난 자식이 또다시 바로 세상을 떠

《공산당 선언》

낳습니다. 이런 와중에 월세는 수시로 밀렸고 식료품 값도 제때 내지 못해 옷을 담보로 맡겨야 했습니다. 그럼에도 마르크스는 프랑스에서 나폴레옹의 조카 나폴레옹 3세가 집권하는 과정을 분석한 《루이 보나파르트의 브뤼메르 18일》을 썼습니다. 이 책은 정치 체제 연구에 큰 영향을 남겼지만 정작 당시에는 어떤 출판사도 관심이 없었습니다. 결국 마르크스는 1869년에야 이 책을 출판해줄 독일 출판사를 찾을 수 있었습니다.

이런 상황에서 마르크스에게 가장 중요한 도움을 줬던 인물이 바로 동지였던 엥겔스였습니다. 아버지로부터 사업과 재산을 물려받은 엥겔스는 마르크스에게 정기적으로 돈을 줬을 뿐만 아니라 각종 언론사를 소개시켜줘서 마르크스가 글을 게재하고 원고료를 받을 수 있게 했습니다. 1852년부터 마르크스는 미국의 〈뉴욕 데일리 트리뷴〉에 글을 게재했는데, 이는 돈벌이 외에도 마르크스에게 중요한 경험이 되었습니다. 이 기회를 통해 마르크스는 영어로 글을 쓰는 법을 배웠을 뿐만 아니라 이전까지 프랑스와 유럽 대륙에 집중되어 있던 관심이 보다 확장되기도 했습니다. 마르크스는 언론사의 요구로 영국의 외교와 식민지 정책 그리고 경제에 대한 글을 써야 했습니다. 마르크스가 본인이 원하는 주제가 아니라 남이 요구하는 주제에 대해 글을 쓰는 것은 처음이었습니다. 이를 위해 마르크스는 영국의 노동법과 은행법, 영국 의회의 예산 처리 과정, 영국 정부의 무역·금융·화폐 정책 등에 대한 자료를 찾고 공부해야 했습니다. 역설적이게도 이때 돈을 벌기 위해 공부한 경험은 마르크스에게 큰 자산이 됩니다. 나중에 마르크스의 대작으로 남을 《자본론》을 쓸 때 이때의 자료와 글이 큰 도움을 줬던 것입니다.

## 자본주의 시스템은 왜 몰락할 수밖에 없는가

마르크스는 생계를 위해 언론사에 글을 게재하는 동시에 학문적인 책을 쓰기 위한 준비도 병행합니다. 그는 언론사를 위한 글을 쓰느라 학문적인 프로젝트에 쓸 시간이 모자라다고 투덜댔습니다. 그러고는 병마와 싸우면서도 영국박물관의 자료를 뒤져가며 1859년 150여 쪽 분량의《정치경제학 비판》을 완성했습니다. 이후《자본론》의 뼈대가 될 책이었습니다. 학문적인 글인 동시에 대중을 설득하기 위해 쓰였기 때문에 마르크스는 이 책에 자신의 이론에 대한 비교적 간결한 요약을 담아두었습니다. 이러한 전략 덕분에 이 책은 출판되고 1년 안에 1000부 가까이 팔리는 등 나름대로 성공을 거뒀습니다.

한편 1860년대는 유럽 대륙 전체에 격동의 시기였습니다. 독일은 프로이센을 중심으로 통일된 민족국가를 향해 나아가고 있었고, 영국에 비해 늦게 산업화가 시작되면서 노동운동도 활발해지고 있었습니다. 그 와중에 프로이센·프랑스 전쟁 이후 파리에서 시작된 파리 코뮌(파리 시민들이 민중 봉기로 세운 사회주의 정부)은 마르크스를 비롯한 혁명가들에게 큰 숙제를 던져주었습니다. 마르크스는 이 과정을 분석한《프랑스 내전》을 영어로 출판해 4000부 이상 판매하면서 국제적 위상이 더욱 올라갔습니다.

그러나 이 무렵 마르크스 개인에게, 그리고 이후 역사의 흐름에 가장 중요한 영향을 끼친 사건은 무엇보다도《자본론》의 출판이었습니다. 1867년 출판된 이 책은 1848년의《공산당 선언》과 더불어 이후 마르크스와 공산주의를 상징하는 책이 되었습니다.《공산당 선언》이 20여 쪽 분량의 짧고 강렬한 문학적인 팸플릿이었다면 《자본론》은 800쪽 분량의 딱딱하고 학문적인 책이었습니다. 이 책을 통해서 마르크스는 "현대사회의 경제적 운동법칙"을 밝히고자 했습니다. 자본가, 노동자, 임금, 착취, 잉여가치 등의 개념을 통해 마르크스는 자본주의 시스템이 왜 궁극적으로 몰락할 수밖에 없는지를 증명하고자 했습니다. 마르크스에게 중요한 것은 자본가가 도덕적으로 악하거나 나쁘기 때문에 자본주의가 몰락하는 것이 아니라 자본주의 시스템 자체가 스스로의 몰락을 불러일으킬 수밖에 없는 내적 논리를 가지고 있다는 것을 증명하는 것이었습니다.

《자본론》은 출판 즉시 노동운동의 경전이 되었습니다. 그러나 《공산당 선언》과는 달리 이 길고 어려운 책을 제대로 처음부터 끝까지 읽은 사람은 극히 드물었습니다. 독일의 경제학자 루요 브렌타노가 1868년 인터내셔널, 즉 국제노동자협회의 간부였던 헤르만 융이라는 인물을 만났을 때 겪었던 일이 이를 상징적으로 보여줍니다. 융은 브렌타노에게 자신이 가지고 있던 《자본론》을 보여주며 이 책이 진리를 담고 있다고 말했습니다. 그런데 브렌타노는 책이 아직 뜯지도 않은 새 책이라는 것을 발견하고 이를 지적했습니다. 그러자 융은 책을 읽을 시간이 없었다면서 그래도 마르크스가 무슨 말을 하는지는 그의 강연을 통해 다 알고 있다고 대답했습니다. 또 다른 사회주의 운동가였던 빌헬름 리프크네히트는 한 언론사 서평에서 《자본론》이 "시대를 좌우할 대작이며, 처음으로 노동

《자본론》

자계급의 사회운동에 확고한 학문적 기반을 부여했다"고 평가했지만 정작《자본론》의 구체적인 내용에 관해서는 어떠한 말도 하지 않았습니다. 구체적인 내용을 평가해달라는 요구에는 시간이 없다고 대답했지만 이후에도 자신의 모든 강연에서《자본론》을 언급했습니다.

　마르크스는《자본론》을 집필한 이후에도 자신의 관심사를 계속 확장해 나갔습니다. 러시아에서 망명한 혁명가들이 자본주의 단계 없이 중세 봉건사회에서 공산주의 사회로 나아갈 수 있는지 논쟁하는 것을 보며 러시아의 토지 제도에 대해 연구했습니다. 미국의 발전을 관찰하며 미국의 주식 제도와 기술 발전도 공부했습니다. 또한 민족학, 지리학, 화학, 수학 등 새로운 학문도 공부했습니다.

그러나 1850년대부터 이미 안 좋았던 마르크스의 건강이 이 무렵 크게 악화되고 있었습니다. 특히 기관지염과 흉막염이 심했습니다. 그래서 1881년 12월 자신과 평생 함께한 아내가 암으로 사망했을 때는 충격으로 몸을 제대로 가누지 못해 아내의 장례식에도 참석하지 못했습니다. 불행은 여기서 끝나지 않았습니다. 1883년 1월에는 자신의 딸이 38세의 나이로 사망하는 것을 또다시 지켜봐야 했던 것입니다. 마르크스는 결국 딸이 사망하고 두 달 후인 3월 14일 자신의 서재에서 쓰러져 64세의 나이로 생을 마감했습니다.

사망한 마르크스를 최초로 발견한 것은 평생의 동지였던 엥겔스였습니다. 엥겔스는 마르크스 사후 그가 남긴 원고와 자료들을 바탕으로 《자본론》 2권과 3권을 무려 10여 년에 걸쳐 마무리하고, 출판되지 못했던 마르크스의 글들을 정식으로 출판했으며, 이미 출판되어 있던 저작들의 외국어 번역 과정을 관리합니다. "마르크스주의", "마르크스주의자", "마르크스주의적인"과 같은 단어들이 본격적으로 사용되기 시작한 것 역시 마르크스가 사망한 1883년부터 엥겔스가 사망한 1895년 사이의 일이었습니다. 마르크스는 사망했지만 20세기 역사의 물줄기를 바꿀 마르크스주의는 이제 막 시작되고 있었습니다.

# 6 수에즈 운하는
## 어쩌다 건설되었을까?


1831년 26세의 젊은 외교관이었던 프랑스의 페르디낭 마리 드 레셉스가 이집트 지역의 부영사로 발령받습니다. 알렉산드리아에 도착해서 인수인계를 받는 과정에서 레셉스는 상사로부터 몇 가지 서류를 건네받게 됩니다. 그중에는 몇십 년 전 나폴레옹이 이집트 원정을 할 때 내렸던 지시도 있었습니다. 한참 전에 나폴레옹이 내린 지시가 아직도 유효할 리는 없었기에 심심풀이로 서류를 읽던 레셉스는 곧 한 가지 흥미로운 대목을 발견했습니다. 지중해와 홍해를 연결하는 운하, 즉 수에즈 운하에 관한 내용이었습니다. 이 아이디어에 깊은 인상을 받은 레셉스는 이후 수십 년간 이 아이디어를 실현하는 데 집중하게 됩니다.

사실 수에즈 운하와 관련된 아이디어를 나폴레옹이 처음 고안한 것은 아닙니다. 이미 기원전 7세기, 즉 고대 이집트 왕국에서도

페르디낭 마리 드 레셉스

운하를 연결하려는 노력이 있었습니다. 기원전 6세기와 5세기에는
페르시아의 다리우스 1세가 이집트 지역을 정복한 뒤 비슷한 계획
을 세웠습니다. 그러나 다리우스 1세는 곧 자신의 계획을 포기했
습니다. 이집트 지역의 해발고도가 홍해의 해수면보다 낮다는 보
고를 받았기 때문이었습니다. 운하 공사로 이집트가 바다에 잠겨
버릴까 봐 두려웠던 것이죠. 이후 기원전 4세기에서 기원전 1세기
까지 이어진 프톨레마이오스 왕조 시기에 지중해와 홍해를 잠시
잇는 데 성공했다는 기록이 전해집니다. 하지만 이 역시 관리의 어
려움으로 곧 흐지부지된 것으로 추정됩니다.

## 나폴레옹이 꿈꾸던 교역 허브

따라서 나폴레옹이 1798년 이집트 지역에 도착해서 세운 계획은 사실 고대에 이미 시도된 적이 있었던 셈입니다. 그런데 나폴레옹이 두 바다를 잇는 운하 건설에 특히 관심을 보였던 데에는 고대 왕국들과는 다른 새로운 이유가 있었습니다. 나폴레옹은 지중해와 홍해를 잇는 운하를 건설할 경우 영국을 견제할 수 있다고 믿었습니다. 당시 영국은 동인도회사를 통해 희망봉 지역을 통제하면서 아시아와의 무역에서 큰 이득을 보고 있었습니다. 나폴레옹은 지중해와 홍해를 운하로 바로 이을 수만 있다면 프랑스와 아시아의 거리가 줄어들 뿐만 아니라 영국으로부터 간섭을 받지 않고 무역을 할 수 있을 것이라고 믿었습니다. 이런 희망을 품고 나폴레옹은 1798년 12월에 직접 여러 명의 과학자와 엔지니어를 데리고 열흘 동안 수에즈 지역에 머물면서 조사를 벌였습니다.

그런데 이때 나폴레옹이 데려간 과학자와 엔지니어들은 한 가지 오류를 범했습니다. 이들은 각종 측량을 실시하던 도중 운하의 양끝에 위치할 홍해와 지중해의 해수면이 10미터 이상 차이날 것으로 계산했습니다. 실제로는 두 지역 사이에 유의미한 해수면의 차이가 없었습니다. 당시의 기술적인 한계로 인한 착오였던 것이죠. 이 착오는 몇십 년 뒤에야 정정되었고 그때까지 운하 건설 계획은 뒤로 밀려날 수밖에 없었습니다. 양끝의 해수면 높이가 다를

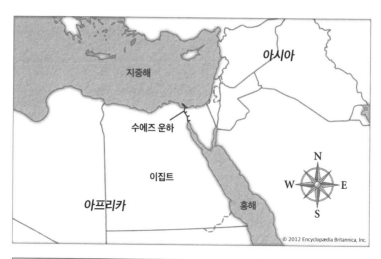

지중해와 홍해를 연결하는 수에즈 운하(위)
수에즈 운하를 통과할 수 있게 되면서 항해 거리가 수천 킬로미터 단축되고
항해 시간도 크게 줄어들었다(아래)

경우 공사에 훨씬 많은 비용과 시간이 필요한 것으로 예상됐는데 나폴레옹에게는 그럴만한 여유가 없었습니다. 따라서 과학자와 엔지니어들의 보고를 받은 나폴레옹은 조사를 계속하라는 형식적인 명령을 내린 후에 실제로는 이 계획에 더 이상 관심을 보이지 않았습니다. 게다가 영국은 수에즈 운하가 건설될 경우 자신들의 패권에 큰 위협이 될 것이라는 생각에 프랑스의 계획을 지속적으로 견제했습니다.

지금까지 살펴봤듯이 레셉스가 이 지역에 도착했을 때는 수많은 사람이 이미 운하 건설의 가능성에 대해 고민한 상태였습니다. 그러나 수차례 새롭게 조사를 거듭한 레셉스는 운하 건설에 방해가 되는 기술적 어려움이 이전에 추정되었던 것에 비해 크지 않다는 확신을 하게 되었고 이후 운하 완성에 자신의 모든 에너지를 집중하게 됩니다. 레셉스는 1851년, 즉 처음 이집트 지역으로 발령받고 꼭 20년이 지난 시점에는 아예 외교관에서 퇴직하고 민간인 신분으로 운하 건설을 계속 준비했습니다.


## 수에즈 운하가 생기면 누가 이득을 볼까


몇 년 후인 1854년에 기존 이집트 통치자가 사망하고 무함마드 사이드 파샤가 새로운 통치자로 즉위하면서 레셉스에게 결정적인 기회가 찾아왔습니다. 사이드를 방문한 자리에서 운하 건설 계획을 설명한 레셉스는 몇 주 만에 사이드로부터 운하 건설을 위한 권한을 부여받았습니다. 이에 따라 프랑스 파리에 본사를 둔 수에즈 운하 회사가 출범했습니다. 수에즈 운하 회사의 지분 56퍼센트는 프랑스 주주들이, 나머지 44퍼센트는 사이드가 가졌습니다. 이 무렵 쿠데타로 프랑스의 황제 자리에 오른 나폴레옹 3세가 사이드에게 프랑스 최고 훈장인 레지옹 도뇌르를 수여할 정도로 수에즈 운하는 레셉스 개인뿐만 아니라 프랑스 정부 입장에서도 중요한 프로젝트였습니다.

그러나 수에즈 운하를 실제로 건설하기 위해서는 여전히 몇 가지 난관이 남아 있었습니다. 기술적이기보다는 정치적인 난관이었습니다. 특히 영국의 반대가 문제였습니다. 또한 이 시기 이집트는 공식적으로는 오스만제국의 통치를 받았기 때문에 운하 건설에는 명목상 오스만제국의 허락이 필요했습니다. 그러나 1850년대 오스만제국은 영국의 강한 영향력 아래에 있었기 때문에 프랑스가 영국의 반대를 뚫고 허락을 받는 것은 쉽지 않았습니다. 이런 반대를 극복하기 위해 레셉스와 수에즈 운하 회사는 수에즈 운하가 프랑스만이 아닌 국제사회의 이익을 위한 것이라고 홍보하기 시작합니다.

레셉스는 오스만제국을 설득하기 위해 이스탄불을 방문했습니다. 그러나 오스만제국에서 영국 대사로 활동하던 스트라트포드

캐닝은 총력을 다해 레셉스를 방해했습니다. 오스만제국은 수에즈 운하 건설에 호의적이었지만 캐닝은 레셉스가 오스만제국의 관료와 접촉하는 것을 막았습니다. 캐닝은 프랑스가 수에즈 운하를 건설할 경우 이집트가 프랑스 식민지가 될지 모른다고 강조하면서 그럴 경우 영국은 오스만제국을 돕지 않을 거라고 협박했습니다. 그러나 이런 노력에도 끝까지 양측의 만남을 막을 수는 없었습니다. 결국 캐닝은 영국 정부에 보내는 보고서에서 운하 건설을 방해할 합법적인 명분이 필요하다고 건의했습니다.

하지만 영국의 방해에는 한계가 뚜렷했습니다. 프랑스뿐만 아니라 다른 나라들도 수에즈 운하의 필요성에 공감했기 때문입니다. 심지어 영국 내에서도 일부 상인과 기업가는 레셉스의 계획에 은근슬쩍 지지를 보냈습니다. 1855년 6월에 레셉스가 런던을 방문해서 수차례 언론과 인터뷰를 하고 경제인들을 만났을 때에도 반응은 나쁘지 않았습니다. 특히 영국의 동인도회사가 수에즈 운하 건설에 큰 관심을 보였습니다. 수에즈 운하가 건설될 경우 영국에서 인도까지의 거리가 절반 가까이 줄어들고, 이는 동인도회사에도 큰 이득을 가져올 것으로 예상되었기 때문이죠.

영국 정부가 단지 이집트 지역에서 프랑스의 영향력이 강화될 것이라는 정치적인 이유로 수에즈 운하의 건설을 반대했다면 유럽 경제계는 수에즈 운하가 안겨줄 실질적인 이익 때문에 운하 건설을 찬성한 셈입니다. 레셉스가 런던에서 파리로 돌아온 직후 국제과학위원회를 소집하여 유럽 각국의 과학자와 엔지니어들을 모아놓고 운하 건설을 위한 각종 조사를 실시하면서 이런 경향은 뚜렷해졌습니다. 유럽 각국이 참가한 이 위원회에서 운하 건설에 긍정적인 보고서가 채택되었기 때문입니다. 심지어 이 보고서의 결말 부분에는 운하 건설의 필요성에 따르는 "실질적, 공학적, 경제적 현실을 무시하고 정치적 고려만" 하고 있는 영국 정부를 비판하는 문구도 들어갔습니다.

국제사회에서 찬성 여론이 우세해지자 영국 의회 내에서도 점차 수에즈 운하 건설에 반대하는 기존 노선을 비판하는 사람들이 늘어났습니다. 영국 의회에서 중국과의 아편전쟁을 공개적으로 반대한 양심적인 인물로 후대에 이름을 남길 윌리엄 글래드스턴도 여기에 속했습니다. 그는 수에즈 운하와 같이 지정학적으로 중요한 시설의 경우 지금 당장은 프랑스 주도로 건설한다고 해도 어차피 시간이 지나면 자연스럽게 가장 강한 해군을 보유한 국가에 넘어갈 것이라고 주장했습니다. 나중에 영국이 사실상 수에즈 운하를 통제하게 된다는 점을 생각해보면 이는 선견지명에 가까운 말이었죠. 점점 반대할 명분이 없어지자 영국 정부도 더 이상 프랑스의 수에즈 운하 건설에 딴지를 걸 수 없었습니다.

결국 1859년 4월에 지금의 포트사이드에서 수에즈 운하가 건설되기 시작합니다. 영국 정부는 운하 건설 과정에서도 프랑스가 노동력을 강제로 동원하고 있다면서 소소하게 견제했습니다. 국제사회에서 커지고 있는 노예제를 비롯한 각종 강제 노역에 대한 비판의 목소리에 편승했던 것입니다. 그러나 프랑스가 노동 계약서를 도입하면 그만이었기 때문에 이런 견제는 운하 건설을 본질적으로 방해하지 못했습니다. 1862년 11월 18일 지중해의 물이 팀사 호수로 흘러들어가면서 공사의 첫 단계가 마무리되었고 이제 수에즈 운하는 되돌릴 수 없는 현실이 되었습니다.

## 지정학적 요충지를 차지했을 때 생기는 일

7년 후인 1869년 11월 17일 상시적으로 최소한 3만 4000명의 노동자가 동원되고 전체 기간에 걸쳐서는 총 150만 명이 넘는 노동자가 동원된 끝에 마침내 공사 시작 10년 만에 수에즈 운하가 완성되었습니다. 운하가 완성된 날에도 영국의 무모한 견제는 계속되었습니다. 영국의 해군 선박인 HMS 뉴포트가 운하 준공식 이후 첫 날밤에 배의 조명을 끄고 아무도 모르게 운하를 처음으로 통과했습니다. 이 배의 선장은 조지 나레스였습니다. 그는 공식적으로는 징계를 받았지만 프랑스를 망신 준 것과 불을 끈 채 어둠 속에서 운하를 안전하게 통과한 뛰어난 항해술 덕분에 영국 해군 내부에서는 각종 격려를 받았습니다.

영국의 각종 방해 공작을 이겨내고 프랑스가 완성한 수에즈 운

1869년 수에즈 운하 개통식

하였기에 이때까지만 해도 앞서 언급한 글래드스턴의 예언이 현실이 될 것이라고는 생각하기 어려웠습니다. 그러나 머지않아 영국에도 기회가 찾아왔습니다. 수에즈 운하가 완성되고 불과 6년만인 1875년에 이집트의 새로운 지도자 이스마일 파샤가 부채를 갚기 위해 수에즈 운하에 대한 지분 44퍼센트를 팔기로 했고 영국은 이 기회를 놓치지 않았던 것입니다. 영국의 총리 벤저민 디즈레일리는 즉시 이 지분을 사들였습니다. 수에즈 운하의 지분 44퍼센트를 얻은 영국 정부는 여기에 만족하지 않았습니다. 아직 프랑스가 나머지 56퍼센트의 지분을 갖고 있었기에 수에즈 운하는 사실상 프랑스가 원하는 대로 운영되는 상황이었기 때문이죠.

이런 상황은 이집트 국내 정세가 불안정해지면서 바뀌어 가게 됩니다. 19세기 후반 이집트는 공식적으로 오스만제국의 통치를 받고 있었고 점차 이집트 내에서도 독립을 꿈꾸는 민족주의 운동이 활발해졌습니다. 무력 투쟁도 벌어져서 1882년 6월에는 이집트 민족주의 세력과 이를 진압하려는 이집트 정부 간에 유혈 사태가 터졌습니다. 이 과정에서 200명이 넘는 이집트인이 사망했는데 더 큰 문제는 수에즈 운하와 관련해서 이곳에 거주하고 있던 유럽인도 50명 넘게 사망했다는 것이었습니다. 영국은 이를 명분 삼아 즉시 이집트에 군대를 파견해 이집트 민족주의 운동 세력을 진압하는 한편 수에즈 운하를 점령했습니다.

프랑스는 당연히 이를 반기지 않았지만 영국과 대결할 수는 없는 상황이었습니다. 프랑스에서는 1871년에 프로이센과의 전쟁에서 패배하면서 제정 체제가 붕괴하고 제3공화국이 들어섰습니다. 새로운 공화국이 들어서고 10년 넘게 지난 시점에도 여전히 왕정으로 돌아가야 한다는 세력과 공화국을 수호해야 한다는 세력이 첨예하게 대립하고 있었습니다. 게다가 프랑스는 이미 프로이센과 전쟁을 치르면서 전쟁의 결과로 탄생한 독일제국과도 사이가 좋지 않았기 때문에 영국과도 갈등을 빚을 경우 외교적 고립이 걱정되었습니다. 프랑스 정부는 이처럼 국내외 정세가 모두 좋지 않은 상황에서 영국의 수에즈 운하 점령을 사실상 받아들일 수밖에 없게 됩니다. 결국 글래드스턴의 예언, 즉 수에즈 운하와 같이 지정학적으로 중요한 시설은 가장 강한 해군을 자랑하는 국가가 소유하게 된다는 예언이 들어맞은 셈이었습니다.

수에즈 운하는 이후 제국주의 영국이 전 세계에서 식민지를 경영하는 데 핵심적인 역할을 했습니다. 수에즈 운하는 영국에 지정학적으로 매우 중요했던 인도에 빠르게 자원을 분배할 수 있게 해주었습니다. 영국은 또한 수에즈 운하를 이용하여 때에 따라 다른 국가를 견제할 수 있게 됩니다. 1904년 러일전쟁이 수에즈 운하의 지정학적 중요성을 보여주는 대표적인 사례가 될 텐데요. 러시아의 팽창을 원치 않았던 영국은 러일전쟁이 발발하자 러시아 해군의 수에즈 운하 이용을 거부합니다. 러시아 해군은 일본까지 가기 위해 전통적인 방식으로 아프리카를 돌아 항해해야 했고 그 덕분에 일본은 전쟁을 준비할 충분한 시간을 벌 수 있게 됩니다. 러일전쟁에서 승리한 덕분에 일본이 조선의 식민지화에 한 걸음 다가갔다는 점을 감안한다면 수에즈 운하는 조선의 운명에도 영향을 끼친 셈입니다.

# 7  가난은 언제부터
## 불행이 되었을까?


　21세기 자본주의 사회에 살고 있는 우리는 흔히 가난에 대해 부정적인 인식을 갖습니다. 가난은 개인의 무능력에서 비롯된 결과라거나 심할 경우 가난 자체가 잘못 혹은 죄라는 생각도 곳곳에서 어렵지 않게 접할 수 있습니다. 현대사회에서는 일부러 가난하고 싶은 이는 거의 없을 것이라는 가정이 당연하게 받아들여집니다. 따라서 현대인은 가난이 역사를 초월해서 항상 일종의 부정적 상태를 뜻했을 것이라고 생각하기 쉽습니다. 그러나 역사 속에서 모두가 가난을 항상 나쁘게 생각한 것은 아니었습니다.

　중세 유럽에서는 가난이 꼭 부정적으로만 인식되지는 않았습니다. 가난에 대한 중세인의 인식이 극단적으로 드러나는 사례가 바로 거지인데요. 현대사회에서는 행인들이 길거리에서 구걸하는 사람을 보고 애써 고개를 돌리거나 단순히 무시해버리지만 중세 사회에서는 하루가 시작되는 아침에 구걸하는 사람을 만나는 것이 행운으로 여겨졌습니다. 구걸하는 사람에게 적선할 경우 그날은 큰 복을 받은 날로 여겨지기도 했죠. 아이를 출산하는 날에 구걸하는 이가 집을 방문하면 그 아이는 큰 축복을 받을 것으로 여겨졌습니다. 결혼식을 하거나 이사하는 날에도 구걸하는 이의 방문은 미래에 대한 축복으로 인식됐습니다. 중요한 물건을 잃어버렸는데 다시 찾고 싶은 경우 혹은 중요한 가축이 병에 걸린 경우 행운을 얻고자 적선을 하기도 했습니다.

　부유한 자가 가난한 이에게 적선하는 것은 미래에 천국의 자리를 예약하는 행위와 다름없었고, 따라서 적선은 의미 없이 돈을 뿌리는 것이 아니라 일종의 거래행위였습니다. 적선이 일종의 거래행위였기 때문에 적선을 받은 이도 적선을 해준 이에게 무엇인가를 대가로 제공해야 했습니다. 그들은 적선한 이를 위해 자신의 양심에 따라 신께 기도함으로써 자신의 사회적 역할을 했습니다. 현대사회를 사는 우리는 기도에 아주 큰 의미를 부여하지 않을 수도 있지만 기독교적 세계관에 살고 있던 중세 유럽인에게 기도는 매우 중요했습니다. 심한 경우 중세의 어떤 도시에서는 거지를 대상으로 한 시험이 있었습니다. 바로 기도에 필요한 충분한 지식을 가지고 있는지를 증명하는 시험이었죠.

## "적선과 천국은 아무 상관이 없다"

가난한 이에 대한 중세 유럽인의 낭만적 시각은 14세기 중반 유럽에 흑사병이 들이닥치면서 급격하게 변했습니다. 유럽 인구의 3분의 1 정도가 사망한 흑사병은 사회에 큰 혼란을 가져왔습니다. 혼란의 와중에 이전까지 농촌에 살던 이들이 삶의 터전을 잃고 도시로 몰려들었습니다. 그러나 너무 많은 사람이 한꺼번에 도시로 몰려든 탓에 제대로 된 일자리를 찾지 못하고 거지가 되는 경우가 비일비재했습니다. 단기간에 거지의 수가 급증했기 때문에 거지는 더 이상 복을 가져다주는 사람이 아니라 불편한 대상으로 치부되기 시작합니다.

이런 사회 분위기의 변화는 곧 공식적인 제도의 변화로 이어졌습니다. 1370년 뉘른베르크에서는 늘어난 부랑자들을 통제하기 위해 공식적으로 구걸에 관한 규정이 제정됐습니다. 이제 뉘른베르크에서 구걸을 하기 위해서는 시의 공식적인 허가증이 필요하게 됩니다. 모두가 허가증을 받을 수 있는 것도 아니었습니다. 구걸을 하려면 뉘른베르크 출생이라는 것을 증명해야 했고 허가를 받았다는 표시를 옷에 부착해야 했습니다. 뉘른베르크에서 이 표시를 달지 않고 구걸을 하는 사람은 언제든지 도시 밖으로 쫓겨날 수 있었습니다. 다른 도시들도 뉘른베르크를 따라 하기 시작했습니다. 아우크스부르크의 경우 구걸 제도를 공식화하려고 하자 한 번에

흑사병이 끝나기를 기도하는 사람들

무려 4200명의 거지가 모습을 나타냈습니다. 당시 아우크스부르크 전체 인구의 14퍼센트에 해당하는 수였죠.

흑사병 이후 유럽에는 빈곤이 일상화되었습니다. 점점 많은 사람이 농촌을 떠나 도시로 몰려들었고, 그 결과 구걸하는 사람들 사이의 경쟁도 치열해졌습니다. 모두가 단순히 구걸을 하기 위해 도시로 이주한 것은 아니었지만 경쟁자가 늘어나다 보니 인구가 줄어든 농촌과는 달리 도시에서 좋은 일자리를 찾는 것은 쉽지 않게 됩니다. 그 결과 거리에 나앉는 이들의 수가 폭증했습니다.

15세기 후반, 뉘른베르크에서는 구걸하는 이에 대한 규정이 한 차례 더 강화됩니다. 신체 장애가 있으면서 십계명을 암기할 수 있는 이만이 구걸 허가를 받을 수 있게 되죠. 이렇게까지 규정을 강화했음에도 거지의 수는 계속 늘어나기만 했습니다. 기록을 보면 1482년 뉘른베르크시에서는 매일 4000조각의 빵을 노숙자에게 나눠줬습니다. 1491년에는 그 수가 9000조각으로 늘어났고 1501년에는 1만 조각을 넘어섰습니다.

거지의 수가 계속 늘어나자 거지 문제를 담당하는 기관도 바뀌었습니다. 이전에는 교회에서 거지에 대한 규정을 어기는 사람을 징계했지만 이제는 그 숫자가 너무 늘어나서 교회의 힘만으로는 감당할 수 없었습니다. 그래서 교회가 아니라 각 도시가 직접 나서게 됐습니다. 도시의 관리들은 교회보다 엄격하게 규정을 적용하고 그에 따라 규정을 어긴 거지를 도시 밖으로 추방했습니다.

16세기 초반의 종교개혁 역시 가난에 대한 사회적 시각에 큰 변화를 불러왔습니다. 1517년 교황의 면벌부 판매를 공개적으로 비판하면서 종교개혁의 시작을 알린 마르틴 루터는 부유한 자와 가난한 자 모두에 대해 새로운 시각을 가져야 한다고 주장했습니다. 부유한 자가 가난한 자에게 적선하는 것이 이전에는 천국에 가는 방법으로 여겨졌지만 루터는 적선과 천국은 아무런 상관이 없다고 했습니다. 거지에 대해서는 남의 도움에 의지해서 살아갈 것이 아니라 스스로 운명을 개선하기 위해 노력해야 한다고 주장하기까지 하죠. 더 나아가 루터는 "가난하고 싶은 이가 부유해져서는 안 된다. 만약 부유해지고 싶다면 자기 손으로 쟁기를 잡아야 한다"고

종교개혁의 시작을 이끈 마르틴 루터

말하기도 했습니다.

가난한 이에 대한 적선도 제도화되기 시작했습니다. 이전에는 각 개인이 길거리에서 거지를 보고 자신의 판단으로 적선을 했다면 이제는 각 도시에서 빈민구제를 위한 예산이 공식적으로 조성되었습니다. 부유한 자는 가난한 자가 공부할 수 있도록 장학재단에 돈을 기부했고 자식 없는 부자가 자신의 재산을 재단에 기부하는 사례도 점점 늘어났습니다. 교회도 기부금을 받아 가난한 사람들을 구제할 예산으로 사용했습니다.

## 격리와 제거의 대상으로 낙인찍히다

이런 상황에서 1618년 시작된 30년 전쟁은 가난에 대한 인식을 바꾸는 결정타가 되었습니다. 이전에 조성되었던 재단들의 기금은 전쟁 비용으로 모두 바닥났고 유럽 전역을 휩쓴 전쟁 때문에 식인이 횡행할 정도로 전반적인 삶의 수준이 궁핍해졌습니다. 당장 먹을 것이 없어서 자기 가족끼리도 믿지 못하는 상황에서 거지가 복을 가져다준다는 인식은 더 이상 찾아볼 수 없었습니다. 혼란스러운 전쟁통에서 거지는 복을 가져다주는 존재라기보다는 사회를 좀먹는 혐오스러운 존재가 되었습니다. 거지는 이제 무슨 수를 써서라도 사회로부터 격리시키거나 제거해야 되는 대상이었습니다. 가난과 범죄가 동일시되기도 했습니다.

"좋은" 가난과 "나쁜" 가난이 구분되었고 전자에는 질병이나 장애가 있는 이들 혹은 전쟁으로 가족을 잃고 가난해진 이들만이 속하게 됩니다. 반면 신체적으로 건강해서 일을 할 수 있음에도 일을 하지 않고 구걸하는 이들은 "나쁘게" 가난한 것이었습니다. 일정한 거주지 없이 그때그때 필요할 때만 노동을 하는 이, 집시, 전쟁의 후유증으로 일을 하지 않는 이, 연극배우, 무용수 등이 모두 "나쁘게" 가난한 이로 비난받았습니다. 이들은 구걸을 하다가 발각될 경우 감옥에 갇히거나 추방되었습니다. 물론 밥도 제대로 먹지 못하는 전쟁 중에 최소한 식사가 정기적으로 나오는 일반 감옥에 갇히는 것은 오히려 다행일 수도 있었습니다. 문제는 강제노역을 해야 하는 특수 감옥에 수감되는 경우였습니다. 특수 감옥 재소자들은 육체노동을 통해 스스로 생활을 유지해야 했습니다. 명분은 노동을 배우게 함으로써 재소자들을 사회에 다시 적응시킨다는 것이었습니다. 특수 감옥에서는 재소자가 어떤 노동을 해야 하는지, 어떤 규칙이 적용되는지를 책임자가 마음대로 결정했습니다. 재소자 사이의 폭력도 일상적이었습니다.

사회적으로 "나쁜" 이를 낙인찍기 시작하자 그 대상도 점점 넓어졌습니다. 처음에는 가난한 사람만 수감 대상이 되었지만 머지않아 나이 많은 사람, 알코올 중독자, 우울증 환자 등 사회에 해악을 끼치는 것으로 여겨진 이들이 무차별적으로 감옥에 수감되기 시작했습니다. "거리에 떠도는 모든 사람을 한 공간에 가두고 얼마간 사회에 대한 해악을 감추는 것처럼 보인다"라는 근대 초기 유럽의 기록은 초기 감옥의 사회적 역할을 잘 보여줍니다.

지금까지 살펴본 것처럼 중세에서 근대로 접어들면서 가난을 바라보는 사회의 시각에 큰 변화가 찾아왔습니다. 흑사병이 유행하기 전까지만 해도 가난한 사람은 복을 가져다주는 존재로 여겨졌습니다. 따라서 이들을 도와주는 것은 도와주는 자의 행복에도 크게 기여한다는 것이 일반적인 시각이었습니다. 그러나 흑사병, 종교개혁, 30년 전쟁과 같은 굵직한 사회정치적 사건들과 함께 자본주의 질서가 등장하면서 이런 시각은 변했습니다. 가난 역시 제도화되었고 가난에서 벗어날 수 있음에도 노력하지 않는 이는 경멸의 대상뿐만 아니라 범죄자가 되었습니다. 이런 점에서 가난에 대한 인식 변화는 시대의 변화가 어떻게 사람들의 근본적 인식을 변화시키는지를 잘 보여준다고 하겠습니다.

## 8  어린이는 언제부터
##    특별한 존재로 여겨지기 시작했을까?


   1960년 프랑스의 역사학자 필리프 아리에스는 자신의 저
서《구체제에서의 아동과 가족생활》에서 한 가지 도발적인 주장을
펼쳤습니다. 중세의 끝자락, 정확히는 적어도 15세기까지는 유럽
사회에 유아와 성인의 중간 단계인 아동기라는 개념이 존재하지
않았다는 주장이었습니다. 중세까지만 해도 아이들은 대략 5~7세
에 바로 성인의 세계에 던져졌다고도 주장했죠. 아리에스는 책이
출판되자마자 많은 역사학자에게 비판받았습니다. 자신의 주장을
전개하기 위해 사료에 드러나는 많은 반례를 애써 무시하거나 검
토하지 않았기 때문입니다.

   그러나 우리가 지금은 당연하게 생각하는 아동기라는 개념이
사실은 사회적으로 구성된 것일 수도 있다는 아리에스의 통찰은
각종 실증적 비판과는 별개로 이후 아동과 가족의 역사를 연구하

는 데 중요한 자극을 주었습니다. 아리에스는 아동기가 사회적으로 구성된 개념이라는 통찰에서 한 걸음 더 나아가 중세까지만 해도 아동기가 따로 존재하지 않았기 때문에 부모와 아이의 애정 관계가 지금보다 훨씬 약했다고 주장하기까지 했습니다. 아리에스의 도발적 주장에 반박하기 위해서라도 당대 학자들은 아동이라는 주제를 연구할 수밖에 없게 됩니다.

유럽 문명에서 어린이들은 고대부터 사회적으로 중요한 역할을 했습니다. 유아 사망률이 높았음에도 아이가 태어나는 것은 가족 내에서 중요한 사건이었습니다. 이는 아이가 태어난 직후 열리는 의례에서도 확인됩니다. 지역에 따라 조금씩 차이를 보이기는 하지만 고대 그리스에서는 일반적으로 아이가 태어나면 여자아이의 경우 양털로, 남자아이의 경우 올리브 나뭇가지로 집의 대문을 장식했습니다. 이어서 집안 내에서 아이의 이름을 정하는 의식이 거행되었습니다. 뒤이어 외부인이 모인 가운데 공식적으로 신생아를 가문의 적법한 아이로 인정하는 의식이 치러졌습니다.

물론 아이가 신체적으로 심각한 장애를 갖고 태어나거나 가정이 경제적으로 너무나 궁핍할 경우 가족의 구성원으로 인정받지 못하기도 했습니다. 가장이 인정하지 않으면 아이를 그대로 방치해 사망에 이르게 하기도 했습니다. 하지만 일단 적법한 아이로 인정받으면 남자아이든 여자아이든 모두 엄마가 양육했습니다. 남자아이의 경우 6세 정도에 오늘날의 학교와 유사한 곳에 가서 글자,

고대 유럽 문명에서도 신생아는 축복의 대상이었다.

운동, 음악 등을 배웠습니다. 반대로 여자아이는 집에서 집안일을 배웠습니다. 로마가 지중해 지역의 패권을 잡은 후에도 상황은 비슷했습니다. 로마에서도 남자아이는 노예까지 기본적인 교육을 받았습니다. 로마의 남자아이는 대략 14세가 되면 성인처럼 토가를 입고 세금을 내면서 본격적으로 어른 대우를 받았습니다.

## 어린이라는 세계의 탄생

그런데 유럽 사회에서 기독교가 지배적인 종교로 자리 잡으면서 아이에 대한 인식은 크게 바뀌었습니다. 고대 유럽에서는 아이에게 도덕적 혹은 지적 능력이 결여되어 있기 때문에 아이를 교육해야 한다고 믿었지만 중세 사회에서 아이는 더 이상 어른이 가진 능력이 결여된 존재가 아니라 어른과 구분되는 순수함을 지닌 존재로 여겨졌습니다. 또한 부부가 아니면 아이를 낳는 것이 사회적으로 금기시되었고 피임이나 낙태 등도 교회의 비난을 받았습니다. 교회는 아이를 인정하지 않고 버리는 풍습 역시 옳지 않다고 비판했으나 현실과 타협하여 여러 가지 사정으로 인해 아이를 꼭 버려야 한다면 아이가 쉽게 발견될 만한 공공장소에 버려야 한다고 규정했습니다.

한편 중세에는 교회나 지역 정부가 초보적인 형태의 보육원을 만들어 갈 곳 없는 아이를 돌봤습니다. 이곳에서 아이들은 어른과는 다르게 여러 놀이를 하면서 낮 시간을 보냈습니다. 이처럼 사회가 갈 곳 잃은 아이들을 돌봐야 한다는 인식이 이미 퍼져 있었다는 것은 중세에도 어린이를 성인과는 다른 성격을 가진 존재로 여겼다는 것을 방증합니다.

유럽 아이들이 구체적으로 어떤 놀이를 했는지는 르네상스기 네덜란드의 대표적인 화가였던 피터 브뤼헐의 그림을 보면 자세히 알 수 있습니다. "아이들의 놀이"라는 제목이 붙은 1560년의 그림에는 골목 가득 놀이를 즐기는 아이들이 등장합니다. 아이들의 옷차림을 보면 대부분 상류층이 아닌 농민 계층 출신임을 추정할 수 있습니다. 특히 아이들이 인형을 가지고 노는 모습, 가면을 쓴 모습, 물총을 쏘는 모습, 담장을 넘는 모습, 물구나무서기를 하는 모습 등이 눈에 띕니다. 그림의 활기찬 분위기에서도 엿볼 수 있듯 이, 16세기 이후 유럽에서 어린아이는 점점 입체적으로 조명받기 시작했습니다. 이전에 어린아이는 단순히 글을 읽고 쓰거나 미래의 직업에 대비하는 교육을 받았다면 이제는 탐구심과 호기심을 자극하는 교육이 각광받았습니다.

중세가 저물어가면서 교회가 학교나 대학 등 교육기관을 지배하는 시대가 끝났고 지식인들은 지식을 독점하던 이전의 교회와는 달리 최대한 많은 사람이 교육받아야 한다고 주장하기 시작합니다. 이런 새로운 풍조는 종교개혁의 주역이었던 마르틴 루터가 학교를 "교회의 딸"이라고 부르며 일반인을 위한 교육을 강조하고 그 방편으로 라틴어 성경을 일반인들이 이해할 수 있는 독일어로 번역한 것에서도 드러납니다.

17세기 이후 유럽에서 역사의 흐름을 주도한 계몽주의 역시 최대한 많은 사람을 위한 교육이 필요하다는 중세 말 지식인들의 입장을 받아들였습니다. 잉글랜드의 존 로크는 아이들이 원죄를 타고난 존재가 아니라 "빈 서판"이라고 했습니다. 로크에 따르면 교육의 목표는 이 서판을 채우는 것이었습니다. 이런 교육관은 고전 언어와 문학, 자연과학, 역사 등에 대한 교육의 확산으로 이어졌습니다. 충분한 교육을 받기만 하면 누구나 훌륭한 어른으로 자랄 수

피터 브뤼헐의 그림 〈아이들의 놀이〉

있다는 생각은 다른 한편으로는 아이에 대한 부모의 강압적인 태도를 누그러뜨리고 부모와 자식 간의 애정을 더욱 강조하게 했습니다. 또한 계몽주의 사상가들은 당시까지는 교육에서 소외받았던 여자아이에 대한 교육의 필요성도 강조했습니다. 이에 따라 주로 개신교 위주의 국가를 중심으로 18세기 후반부터 남녀공학이 생겨나게 되죠.

이렇게 교육 대상이 점점 확대되는 추세는 더 많은 시민이 정치에 참여해야 한다는 계몽주의의 시대정신에도 부합했습니다. 성숙한 시민으로서 정치에 참여하기 위해서는 최소한의 교육은 받아야 한다는 것에 대부분의 사람이 동의했기 때문입니다. 물론 여러 가지 한계로 제도적인 교육을 받지 못한 아이도 여전히 많았지만 19세기부터는 사회 전체에서 그 비율이 점점 줄어들었습니다.


## "어린이라는 이유만으로 누려야 할 권리가 있습니다"

그러나 어린이들의 사회적 위치가 평탄하게 나아지기만 했던 것은 아닙니다. 18세기 중반부터 본격적으로 시작된 산업화는 아동 노동이라는 어두운 그림자를 동반했습니다.

물론 산업화 이전에도 아이들은 시대를 막론하고 대부분 가정의 노동에 참여했습니다. 이전까지는 아이가 자기 가정에서 부모를 돕기 위해 일을 했다면 산업화 이후에는 이와는 별개로 공장에서 노동을 했다는 것이 중요한 차이점이었습니다.

1840년대 영국에서는 광산에서 일하는 광부의 40퍼센트가 18세 이하였고 같은 시기 벨기에의 공장에서는 전체 노동자의 40퍼센트가 16세 이하였습니다. 1847년 영국에서 아동 착취를 막기 위해 18세 이하 노동자의 노동시간을 주당 58시간으로 제한했지만 많은 산업가와 자본가는 너무 급진적인 조치라며 끝까지 반대했습니다.

중산층 이상의 아이를 위한 장난감 생산이 폭발적으로 늘어난 한편 이 장난감의 대부분이 아동 노동자에 의해 생산되었다는 것

캐나다 토론토의 초등학교(위)
네덜란드 암스테르담의 유치원(아래)

은 산업화 시대의 모순을 단적으로 드러냅니다.

　이런 모순을 뒤로하고 19세기 중후반 아동의 권리에 대한 법적, 사회적 보호는 점점 강화되었습니다. 여러 국가에서 아동 노동을 엄격하게 제한하고 학교 교육을 법적으로 의무화했습니다. 19세기 말에 이르면 적어도 서유럽과 미국에서는 어린이가 단순히 어린이라는 이유만으로 누려야 할 특정한 권리가 있다는 것이 널리 받아들여지게 됩니다. 어린이가 사회의 건강한 구성원으로 활동하기 위해서는 학교에서 적절한 교육을 받아야 하고 이를 위해서는 사회적 자원을 투자받을 권리가 있다는 것입니다.

　1차 세계대전 이후 등장한 국제연맹은 이런 생각에 기반해서 1924년 9월 "아동 권리 선언"을 채택하고 어린이의 다섯 가지 권리를 명시했습니다. "아동 권리 선언"에 따르면 아동은 첫 번째로 성장을 위해 물질적, 정신적 도움을 받을 권리를 가졌습니다. 두 번째로 배고픈 아이는 식량을 받고, 아픈 아이는 치료를 받고, 뒤떨어진 아이는 도움을 받고, 태만한 아이는 갱생되고, 부모를 잃은 아이는 보호받을 권리를 지녔습니다. 조난 상황에서 아이가 우선 구제되어야 한다는 것이 세 번째 권리, 아이는 모든 형태의 착취에서 보호받아야 한다는 것이 네 번째 권리, 자신에게 주어진 재능을 발전시킬 수 있도록 적절한 교육을 받아야 한다는 것이 마지막 권리입니다.

　결국 고대에서 중세를 거쳐 현대에 이르기까지 사회적으로 어린이를 바라보는 시선 역시 변화하고 발전해왔다는 것을 알 수 있습니다. 오늘날 우리가 생각하는 현대적인 의미의 아동상 역시 이런 역사적 발전의 결과라고 할 수 있겠습니다.

# 9  인간도 전시 대상이
      될 수 있을까?


　　19세기 중후반에 유럽 사회는 역사상 경험해보지 못한 전성기를 맞았습니다. 산업화 이후 전체적인 삶의 질이 향상됐고 계몽주의 이후 과학과 학문은 계속 발전했죠. 이에 따라 대부분의 유럽인은 자신이 가장 선진적인 문명에 살고 있다고 자부했습니다. 산업화 이후의 문명 발전은 여러 면에서 삶을 편리하게 했을 뿐만 아니라 각종 여가거리를 제공했습니다. 그중에서도 19세기 말 이후 급속도로 늘어난 것이 바로 각종 공원과 박물관 그리고 동물원이었습니다.

　박물관과 동물원의 발전에는 유럽의 제국주의가 큰 영향을 미쳤습니다. 서유럽 국가들은 자신들이 획득한 식민지에서 본국에는 없는 각종 진귀한 물건을 모으고 분류했습니다. 그리고 이를 본국의 중심지에 전시함으로써 시민에게 일종의 볼거리를 제공했습니다.

박물관에 세계의 각종 진귀한 물건을 전시해서 시민에게 보여주는 행위는 그 자체로 정치적인 의미를 지녔습니다. 시민은 박물관에서 자신이 문명의 최첨단 국가에 살고 있음을 상기했고 이것 자체가 직간접적으로 산업화 이후 증폭된 사회적 불만을 조금이나마 잠재웠기 때문입니다. 박물관과 동물원의 인기에 주목한 사업가들도 있었습니다. 이들은 매일같이 기존 전시와는 차별점을 보이면서 사람들의 관심을 집중시킬 새로운 전시 사업을 찾았습니다. 그리고 어느 날 그들이 생각해낸 것은 다름 아닌 다른 문명에 살고 있던 사람을 유럽인 앞에 전시하는 것이었습니다.

인간 전시회를 가장 먼저 생각해낸 사람 중에는 독일 출신인 칼 하겐베크가 있었습니다. 사실 1870년대 이전까지 하겐베크는 동물을 사고파는 일에 종사했습니다. 그는 1년에 평균 다섯 번씩 아프리카나 다른 지역으로 원정대를 파견해서 각종 진귀한 동물을 구해와 이를 유럽 대중에게 전시했습니다. 그런데 시간이 지나면서 하겐베크에게 한 가지 고민거리가 생겼습니다. 전시회를 방문하는 사람들이 처음 한두 번 정도는 새로운 동물에 흥미를 느꼈지만 그 다음에는 시시해하고 지루해했던 것입니다. 계속 사람을 모아야 돈을 벌 수 있었던 사업가 하겐베크에게는 치명적인 문제였습니다. 사업을 발전시킬 방법을 고민하는 과정에서 그는 유럽인이 다른 대륙에 사는 사람을 직접 볼 일이 매우 드물다는 사실, 동시에 유럽인이 다른 대륙의 사람에게 많은 관심을 보인다는 사실을 떠올리게 됩니다.


## "이 원주민들은 식인 문화를 가지고 있습니다"


새로운 아이디어를 얻은 하겐베크는 몇 년간의 준비 끝에 1874년에 핀란드와 노르웨이 북부 지역에 살고 있던 사미라는 우랄계 민족을 데려와서 전시했습니다. 입장료를 내고 입장한 독일인들은 사미인들의 일상을 관찰할 수 있었습니다. 함부르크에서 선풍적인 인기를 끈 이 전시회는 베를린과 라이프치히에서도 열렸습니다. 성공에 고무된 하겐베크는 곧 그린란드, 북아프리카, 호주 등에서 총 70여 민족의 원주민을 데려와 전시회를 열었습니다. 그는 이를 위해 이전에 자신이 동물을 수집할 당시 알고 지내던 현지인들을 이용하기도 했습니다. 1877년 하겐베크는 독일을 벗어나 파리에서도 전시회를 열었습니다. 이때 파리의 한 동물원 책임자는 처음 접하는 인간 전시회에서 큰 충격을 받았습니다. 생티레르라는 이름의 이 인물이 곧 상부에 건의해서 파리에서도 매년 비슷한 전시가 열리게 되었습니다. 이 전시회들에는 매년 수십만 명의 관람객이 표를 사고 입장했습니다.

낯선 대륙의 사람을 전시해서 큰돈을 번다는 소문은 바다 건너 미국에도 전해졌습니다. 하겐베크에게서 영감을 받은 미국 사업가

인간 전시회에 방문한 독일제국 황제 빌헬름 2세

들은 미국에서도 급하게 여러 전시회를 개최했습니다. 이 과정에서 관람객을 자극하기 위해 과장된 정보를 소개하는 일도 빈번했습니다. 예를 들어 뉴욕에서 열린 한 전시회에는 호주 대륙의 원주민이 등장했습니다. 전시회의 설명문에는 이 원주민이 식인 문화를 가지고 있다고 소개되었지만 전혀 사실이 아니었습니다.

한편 자신이 살던 곳에서 강제로 잡혀 온 원주민은 거의 감금 생활을 해야 했습니다. 이는 원주민에게 매우 괴로운 일인 동시에 전시회 주최 측에게도 골칫거리였습니다. 내내 전시 공간에서 감금 생활을 하는 원주민은 당연히 삶의 의욕을 잃은 채 아무것도 하지 않으려 했고, 이에 따라 유럽의 관람객들도 곧 흥미를 잃었기 때문

미국 인디언 전시 홍보 포스터

입니다. 그래서 전시회를 개최한 사업가들은 곧 원주민에게 일정 액의 돈을 임금 형태로 주기 시작했습니다. 그 대가로 원주민은 자 신의 고향에서 하던 대로 사냥 또는 낚시를 하거나 도구를 사용하 는 모습을 관람객에게 보여주었습니다. 처음으로 이런 행사를 조 직한 하겐베크는 원주민이 매일 10시간 정도 각종 노동을 하는 모 습을 체계적으로 보여주었습니다. 원주민은 10개 정도의 활동을 각각 한 시간씩 번갈아 가면서 보여주었죠.

## 문명이라는 이름의 야만

그러나 이런 사례와는 달리 최소한의 보상도 해주지 않고 이들의 노동력을 착취한 경우도 있었습니다. 콩고에서 원주민을 학살한 것으로 악명 높은 벨기에의 레오폴 2세는 250명이 넘는 콩고인을 벨기에로 데려와서 그들 스스로 고향 마을을 복원하게 했습니다. 그리고 이 과정 자체를 관람객이 구경하게 하면서 표지판에 "먹을 것을 주지 마시오"라고 적어놓았습니다. 그럼에도 이탈리아의 한 잡지는 레오폴 2세가 만들어낸 원주민의 공간을 브뤼셀에서 가장 흥미로운 볼거리 중 하나라고 소개했습니다.

한편 강제로 잡혀 온 원주민은 전시 외에도 각종 고통에 시달려야 했습니다. 예를 들어 원주민은 환경이 완전히 다른 곳으로 이주하면서 면역력이 없는 새로운 질병에 걸렸습니다. 남미에서 데려온 전체 원주민의 60퍼센트가 이송 중에 사망한 사례가 보고될 정도로 이 문제는 심각했습니다. 원주민은 또한 유럽에서 각종 실험의 대상이 되기도 했습니다. 그런데 과학자들은 왜, 무슨 목적으로 원주민들을 실험 대상으로 삼았을까요? 그들은 대체로 인종 간에 우열이 있음을 증명하기 위해 이들에 대한 의학과 해부학 실험을 진행했습니다. 유사 학문에 가까운 실험이었죠.

일단 인종 간에 우열이 있다는 발표가 이루어지고 나면 각국 정부는 이를 식민 정책을 정당화하는 근거로 썼습니다. 결국 과학자

벨기에 앤트워프의 콩고 원주민 마을 전시(위)
미국 세인트루이스 만국박람회에 전시된 필리핀 원주민 집단(아래)

들의 실험은 우월한 백인이 '미개'한 타인종에게 문명을 전해줘야 한다는 일명 "백인의 의무"라는 사상을 뒷받침했습니다. 이를 위해 정부는 유럽인이 보기에 미개한 모습을 전시회에서 의도적으로 연출하기도 합니다.

1904년 미국에서는 필리핀 원주민들을 전시하면서 의도적으로 이들에게 개고기를 주고 이를 먹는 모습을 사진작가들에게 찍게 한 사례가 보고되기도 했죠. 오늘날의 관점으로 보면 개고기를 먹는 것 자체에 별다른 문제의식을 느끼지 않을 수도 있습니다. 중요한 것은 미국 정부가 이러한 전시회로 전달하려는 메시지였습니다. 바로 해당 원주민이 미개한 풍습을 가진 집단이라는 메시지 말이죠. 이런 방식의 원주민 전시는 유럽에서 1930년대까지 활발하게 이어졌습니다. 1931년 파리의 한 전시회에서는 전 세계에서 잡혀 온 약 1500명의 원주민이 자신들의 삶을 반강제적으로 재현해야 했습니다.

시간이 지나면서 변화도 생겼습니다. 여러 언론이 이러한 전시회의 문제점을 본격적으로 지적한 것입니다. 사실 수십 년 전에 인간 전시가 처음 열렸을 때만 해도 비판적인 목소리는 찾아보기 어려웠습니다. "소수의 사람이 인간을 전시하는 것을 거부하고 비판적인 의견을 냈지만 수천 명의 열광하는 사람 앞에서 이런 목소리는 힘을 얻지 못했다"라는 당대의 기록이 이런 여론을 잘 드러냅니다.

1930년대 이후 인간을 전시하는 행위 자체가 인간의 존엄성을 심각하게 훼손하는 행위라는 의견이 점차 사회 전반적으로 받아들여지기 시작했습니다. 1931년 파리의 전시회가 논란 끝에 결국 막을 내렸다는 사실은 이런 사회 전반의 분위기 변화를 보여줍니다.

이런 인식 변화를 모든 사람이 동시에 공유하지는 않았습니다. 비판적인 목소리가 점점 커졌음에도 원주민을 일종의 동물처럼 전시하는 행사는 1950년대까지도 간헐적으로 지속되었습니다. 심지어 독일의 아우크스부르크 동물원은 2005년에도 나흘 동안 "아프리카 마을"이라는 제목의 행사를 기획했다가 크게 비판받았습니다. 결국 인간이 같은 인간을 전시한 역사는 인종차별이 서구 사회에 얼마나 뿌리 깊게 박혀 있는 문제인지, 그리고 이를 완전히 극복하는 것이 얼마나 어려운 일인지를 시사합니다.

# 10 68혁명은 서구 사회를
## 어떻게 바꿨을까?

　　2차 세계대전 이후 유럽을 비롯한 서구 국가는 사회문화적으로 큰 변화를 맞이합니다. 기성세대가 사회의 기득권으로 활동하고 여전히 권위주의의 잔재가 남아 있었지만 전후에 태어난 베이비붐 세대가 기성세대에 불만을 표출하기 시작했습니다. 이런 불만은 1968년에 전후 세대가 본격적으로 성인이 되고 대학생이 되면서 각종 저항운동으로 표출됐습니다. 미국뿐만 아니라 영국, 프랑스, 서독을 비롯한 서유럽 전역, 그리고 일본에서 68운동이 시작된 것입니다. 기성세대에 저항하는 움직임은 심지어 체코슬로바키아를 비롯한 공산권에서도 "프라하의 봄"과 같은 형태로 분출되었습니다. 68운동은 전 세계적인 현상이었던 것이죠.

　68운동이 정치적으로나 사회문화적으로 유난히 맹렬하게 전개됐던 나라는 바로 혁명의 나라 프랑스였습니다. 프랑스는 1968년 이전부터 이미 정치적으로 좌파와 우파가 큰 갈등을 겪고 있었습니다. 이 갈등은 프랑스가 식민지였던 알제리와 독립 여부를 두고 전쟁을 치르면서 본격화되었습니다. 이 과정에서 알제리의 독립을 지지했던 일부 좌파와 이를 결사적으로 반대했던 우파는 내전에 가까운 갈등을 겪었습니다. 이 갈등은 2차 세계대전 때 프랑스의 국민적 영웅으로 떠올랐고 전쟁 후에 은퇴를 선언했던 샤를 드골이 정계에 복귀하면서 가까스로 봉합되었습니다. 드골이 프랑스 내부의 갈등을 봉합할 수 있었던 것은 스스로 우파 진영을 대표하면서도 알제리 독립의 불가피성을 인식했기 때문입니다.

그러나 정계 복귀 후에 프랑스 대통령이 된 드골은 프랑스 좌파와 젊은 세대가 보기에는 2차 세계대전 이전의 권위주의 사회를 상징하는 낡은 인물이었습니다. 보수 진영을 대표하는 드골이 대통령이 되고 나서 1960년대 프랑스 사회는 보수파를 중심으로 돌아갔습니다. 프랑스 공산당으로 대표되는 진보 세력은 보수 세력을 대표하는 드골에게 불만이 많았습니다. 그러나 이 시점에 프랑스 공산당은 이름과는 다르게 급진적인 공산혁명보다는 임금 인상, 노동시간 단축과 같은 점진적인 개혁을 추구하면서 대중적인 기반을 확장하고 있었습니다. 장 폴 사르트르와 시몬 드 보부아르와 같은 프랑스 지식인들의 이념적 지지도 잇따랐죠. 그런가 하면 공산당과는 다르게 극단적인 레닌주의, 트로츠키주의, 마오쩌둥주의를 추종하는 각종 소규모 움직임도 독립적으로 벌어지고 있었습니다.

한편 1960년대 프랑스에서는 이전에 비해 대학생의 숫자만 3배 가까이 증가했습니다. 젊은 대학생 집단 역시 큰 틀에서는 진보 세력에 속하면서도 기성 정당인 공산당과 거리를 두었습니다. 이렇게 1960년대 프랑스에서는 드골 중심의 전통적 우파, 2차 세계대전을 통해 위상이 올라갔지만 제도권의 기성 정당이 되어버린 공산당, 그리고 이에 만족하지 않은 여러 소규모 좌파 집단이 서로 갈등하고 있었습니다.


## "금지하는 것을 금지한다"


그런데 1960년대 프랑스 대학생이 가장 강하게 불만을 느낀 주제는 자신이 공부하는 대학교의 교육이었습니다. 사실 2차 세계대전 전까지만 해도 프랑스에서는 일부 엘리트층만 대학에 진학했습니다. 전쟁 이후 출산율이 올라가고 더 수준 높은 교육을 받고 싶다는 사회 각계각층의 열망이 증가했지만 프랑스 대학은 1960년대까지도 소수의 엘리트 학생을 가르치는 전통적인 체제에서 크게 바뀌지 않았습니다. 아직도 90퍼센트가 넘는 대학생이 전통적인 부르주아 출신이었던 것이죠. 불만을 품은 대학생의 눈에는 대학 교육의 문이 충분히 개방되지 않은 것처럼 보였습니다. 중

68혁명의 대표적 구호 "금지하는 것을 금지한다"(위)
학생들이 점령한 소르본대학교 강의실(아래)

고등학교는 아직도 대부분이 남학생 따로, 여학생 따로인 방식으로 운영되었고 이 역시 학생들의 눈에는 시대에 뒤처진 낡은 성 관념의 결과물에 불과했습니다. 여학생 기숙사에 남학생이 들어갈 수 없다는 것도 새로운 세대의 학생이 보기에는 이해할 수 없는 것이었습니다. "금지하는 것을 금지한다"는 구호는 학생들이 기성세대에게 느꼈던 불만을 한 문장으로 요약하고 있습니다.

대학생들의 불만이 점점 커지던 상황에서 1968년 5월 2일 파리 경찰이 학생 시위를 막기 위해 파리 낭테르대학교를 폐쇄하면서 68운동은 시작되었습니다. 경찰은 여느 때처럼 학생 시위의 확산을 막기 위한 사소한 조치를 취했다고 생각했지만 다음 날 파리 소르본대학교의 학생들이 경찰을 규탄하기 위해 모여들면서 사태는 걷잡을 수 없이 커졌습니다. 예상과 달리 계속 이어진 학생 시위에 당황한 경찰은 진압을 위해 학교 안에 투입되었고 최루탄까지 쏜 끝에 500여 명의 학생을 체포했습니다. 그러나 시위대의 수는 점점 늘어났습니다. 경찰은 추가로 600여 명을 체포하고 소르본대학교까지 폐쇄했습니다. 강경 조치에도 1만 명 가까이 늘어난 시위대는 체포된 학생을 풀어줄 것과 대학에서 경찰이 철수할 것을 요구했습니다.

경찰이 요구를 거부하자 시위대는 프랑스 혁명의 상징과도 같은 바리케이드를 쌓으면서 경찰에 저항했습니다. 시위 소식이 확산되면서 대학생뿐만 아니라 중고등학생, 젊은 노동자, 그리고 이민자들이 동참했습니다. 시위가 시작되고 일주일 정도 지난 5월 10일에는 파리 내에 60여 개의 바리케이드가 설치되었습니다. 다음 날로 넘어가는 새벽에는 무려 6200명의 경찰이 바리케이드를 철거하는 과정에서 수십 대의 차량이 불타고 100명이 넘는 부상자가 발생했습니다. 이날은 "바리케이드의 밤"으로 불립니다.

5월 11일까지만 해도 젊은 노동자들이 자발적으로 시위에 참여하긴 했지만 아직 공산당이나 노동조합과 같이 조직적인 노동자의 참여는 이뤄지지 않았습니다. 그러나 "바리케이드의 밤"에 이루어진 경찰의 강경 진압은 학생과 조직된 노동자의 연대를 가져왔습니다. 5월 13일에는 노조들이 하루 동안 총파업을 선언했고 이로써 대학생이 시작한 68운동은 전 사회적 운동으로 발전하기 시작했습니다. 일부 역사학자는 13일 이전까지를 "학생들의 시기", 13일부터를 "사회적 시기"로 구분합니다.

노조까지 참여하면서 사태가 속수무책으로 커지는 것을 깨달은 프랑스 정부는 뒤늦게나마 체포된 학생에 대한 선처와 대학에서 경찰의 철수를 약속했습니다. 그러나 한번 불붙은 시위를 이제 와서 막을 수는 없었습니다. 프랑스 공산당은 이 기회에 정부와 협상해서 원래 목표했던 최저임금의 35퍼센트 인상을 관철시켰지만 노동자들은 공산당의 합의안을 받아들이지 않고 파업을 계속했습니다. 노동자의 시위는 순식간에 커져서 5월 22일에는 총 1000만 명이 넘는 노동자가 파업에 동참했습니다. 이 파업으로 프랑스 경

노동자와 공산당의 참여를 촉발한 "바리케이드의 밤"(위)
파리 레퓌블리크 광장에서 열린 노동자 집회(아래)

제는 완전히 마비됐습니다.

　대학생으로부터 시작된 시위가 전 사회로 퍼져나가 프랑스 경제가 마비되는 사태를 지켜보면서 누구보다 강한 위기감을 느낀 인물은 대통령이었던 드골이었습니다. 시위대가 대통령의 관저인 엘리제궁을 점령할지 모른다는 위기감에 드골은 5월 29일 헬리콥터를 타고 엘리제궁을 떠났습니다. 사실 이때만 해도 일각에선 드골이 고향으로 돌아가서 사임할 것이라는 추측을 했지만 정작 헬리콥터가 향한 곳은 드골의 고향이 아니었습니다. 자신의 내각에게도 목적지를 알려주지 않고 드골이 날아간 곳은 독일 바덴바덴이었습니다. 드골이 바덴바덴까지 날아간 이유는 그곳에 서독에 주둔 중인 프랑스군의 본부가 있었기 때문입니다. 군부가 아직 자신을 지지하고 있는지 확신하지 못했던 드골은 이를 먼저 확인하고 싶었습니다. 바덴바덴에 도착해서 군부가 여전히 자신을 지지하고 있다는 사실을 확인한 드골은 곧 정무에 복귀했지만 그 과정에서 프랑스 행정부는 약 여섯 시간 동안 자국의 대통령이 어디에 있는지 파악하지 못했을 정도로 혼란에 빠졌습니다.

　군부의 지지를 확인한 드골은 다음 날 오후 4시 반에 방송에 모습을 드러냈습니다. 그러고는 자신이 사임하지 않을 것이며 의회를 해산한 후 6월 23일에 총선거를 실시할 것이라고 발표했습니다. 드골의 총리였던 조르주 퐁피두는 불과 하루 전에 의회를 해산하고 총선거를 실시할 것을 조언했지만 이때까지만 해도 드골은 자신의 여당이 참패할 것을 걱정해서 이를 거부했습니다. 1968년 5월 말에 프랑스 정부가 얼마나 우왕좌왕했는지가 단적으로 드러나는 대목입니다. 의회 해산과 총선거 실시를 발표한 드골은 노동자들에게 일터로 복귀할 것을 지시하면서 그러지 않을 경우 국가 비상사태를 선포할 것이라고 공언했습니다.

## 68혁명은 실패한 혁명일까

이 무렵 파리에서만 약 50만 명의 시위대가 "아듀, 드골"을 외치며 행진했습니다. 다만 이들에게는 한 가지 결정적인 약점이 있었습니다. 이들은 하나의 조직이 아니라는 점이었습니다. 이들을 포섭할 수 있는 가장 강력한 집단은 프랑스 공산당이었습니다. 그런데 프랑스 공산당은 혁명이나 무력으로 엘리제궁을 점령하고 정권을 잡기보다는 선거를 통해 집권하고 싶어 했습니다.

조직화되지 않았다는 약점 때문에 드골의 발표 이후 1000만 명이상이 참여했던 파업과 시위는 역사학자들이 보기에 기이할 만큼 빠르게 열기가 식었습니다. 선거가 3주 남은 가운데 노동자들은 차츰 일터로 돌아가거나 해고되었고 학생 시위도 규모가 줄어들었습니다. 이 틈에 정부는 과격한 학생회 일부를 조용히 불법화했고 경찰도 시위 진압을 위해 다시 대학에 진입했습니다. 이렇게 혁명의 물결이 잦아드는 가운데 "공산주의의 위협"과 "공화국의 수호"를 구호 삼아 선거운동을 벌였던 정부 여당은 6월 23일과 30일에 치러진 선거에서 지도부조차 예상하지 못했던 압승을 거뒀습니다. 좌파 진영의 공산당과 사회당이 내분을 겪으며 지지부진한 선거운동을 벌인 끝에 총 487석 중 무려 396석이 여당 몫으로 돌아갔고 91석만이 공산당과 사회당에 돌아갔습니다.

프랑스를 제외한 다른 유럽 국가에서도 68운동은 비슷한 운명을 맞이했습니다. 짧은 시간 동안 국제적으로 빠르고 강렬한 확산세를 보이다가 순식간에 패배했기 때문에 68운동은 비슷한 양상을 보였던 1848년 혁명과도 비교됩니다. 1848년에도 혁명의 물결이 순식간에 유럽 대륙 전체를 뒤덮을 정도로 빠르게 확산되었지만 대부분의 국가에서 근본적인 정치 체제의 변화를 이끌어내지 못한 채 빠르게 좌절을 맛보았기 때문입니다.

선거 결과는 참패에 가까웠지만 새로운 전후 세대의 탈권위주의 운동에 기초한 1968년의 운동은 장기적으로 역사에 불가역적인 영향을 남겼습니다. 선거에서는 승리했지만 그 와중에 행정부가 흔들리는 모습까지 보이면서 지울 수 없는 내상을 입은 드골은 다음 해인 1969년 사임했습니다. 1968년 이후 유럽은 우리가 현재 유럽 하면 흔히 떠올리는 이미지 중 하나인 탈권위적이고 개방적인 사회를 향해 나아가기 시작했습니다. 이것이 50년 후인 2018년 프랑스에서 실시된 여론조사에서 70퍼센트의 시민이 68운동을 긍정적으로 평가한 이유입니다. 심지어 전통적인 우파 정당 지지자의 59퍼센트, 극우파인 국민전선 지지자의 68퍼센트가 68운동을 긍정적으로 평가했다는 것은 개인의 정치 성향에 상관없이 68운동의 역사적 의의에 대한 사회적 동의가 있음을 방증합니다. 현대 서양 사회를 이해하기 위해서는 68운동을 살펴보아야 하는 이유도 여기에 있습니다.

# 3부

# 국가의 기원

?

그 나라는 어떻게
역사에 등장했을까?

# 1 초강대국 미국은
## 어떻게 시작되었을까?

1492년에 콜럼버스가 아메리카 대륙을 '발견'한 이후 아메리카 대륙으로 향하는 유럽인은 점차 늘어났습니다. 사실 16세기까지만 해도 유럽인의 신대륙 진출에는 약탈의 동기가 강했습니다. 이에 반해 오늘날과 같이 영구적인 정착을 목적으로 하는 이주의 비율은 낮았습니다. 이런 상황은 17세기에 들어서면서 바뀌었습니다. 고향을 떠나 소문으로만 들어본 새로운 대륙으로 아예 이사를 하는 이들이 늘어났던 것입니다. 여기에는 여러 이유가 복합적으로 작용했습니다.

한편에는 경제적인 이유로 '신세계'로 이민을 떠난 이들이 있었습니다. 영국 왕 제임스 1세가 북아메리카에 식민지를 건설하려는 목적으로 설립한 버지니아 회사의 제임스타운이 대표적이죠.

다른 한편 종교적인 이유로 이민을 떠난 이들도 있었습니다. 17세기 초 영국 내에서 발생한 종교적인 갈등을 이유로 일부 영국인이 종교의 자유를 찾아 아예 북아메리카 대륙으로 이민을 떠나기 시작했던 것입니다. 이들은 오늘날 미국 동북부 끝의 여섯 개 주에 이주하여 뉴잉글랜드를 건설했습니다. 뉴잉글랜드에 도착한 이들은 이주 초기만 해도 낯선 환경에 적응하는 어려움, 그리고 '인디언'들과의 갈등으로 인해 정착에 어려움을 겪었지만 시간이 지나면서 점차 땅을 개간하고 원주민과 협력하거나 혹은 이들을 무력으로 몰아내면서 안정적으로 정착했습니다. 그 결과 18세기 초에는 13개의 북아메리카 식민지가 현재 미국의 동부 해안을 대부분 개척했을 정도로 식민지 개발이 활발하게 이루어졌습니다.

## 미국 독립의 씨앗을 뿌린 전쟁

그런데 18세기 중반 들어 상대적으로 안정적이었던 상황에 변화가 생겼습니다. 이 변화의 원인은 애초에는 아메리카 식민지와 관련이 없었는데요. 식민지 모국이었던 영국과 프랑스 사이에서 전쟁이 벌어졌기 때문입니다. 1756년 시작된 7년 전쟁에는 영국과 프랑스가 주로 서로를 상대로 전쟁을 벌였지만 두 국가 외에도 프로이센과 오스트리아, 러시아, 스웨덴, 스페인 등 당대 유럽의 강대국들 대부분이 참전했습니다.

그런데 당시 영국뿐만 아니라 프랑스도 아메리카 대륙에 진출해 있었기 때문에 유럽 본토에서 시작된 전쟁은 아메리카 대륙에까지 확전되었습니다. 이렇게 난데없이 식민지 정착민들은 자신들과 직접적 관계가 없는 유럽 대륙의 전쟁에 휘말리게 됩니다. 아메리카 대륙의 영국인과 프랑스인은 전쟁에서 승리하기 위해 각각 자신들과 우호적인 관계에 있던 원주민들까지 동원했습니다. 이처럼 유럽 대부분의 국가가 참전함과 동시에 그 전장이 유럽에 국한되지 않았기 때문에 일부 역사학자는 7년 전쟁을 "18세기의 세계 대전"이라고 부릅니다.

1756년부터 1763년까지 7년 전쟁에 참가한 식민지인들은 완전히 새로운 경험을 하게 되었습니다. 이때까지 일반적인 식민지인은 평생 자신이 태어난 곳에서 쭉 지냈지만 전쟁에 동원된 이후로는 전쟁터를 돌아다니며 아메리카 대륙 내부의 다른 식민지를 눈으로 직접 보게 된 것이죠. 게다가 전쟁 중에는 강한 행정력이 필요했기 때문에 이전에 느슨하게 연결되어 있던 13개 식민지 간의 정치적 협력이 강화되었습니다. 이런 경험들은 결과적으로 아메리카 식민지들이 영국에서 독립해 하나의 국가를 이루는 데에 중요한 역할을 하게 됩니다.

7년 전쟁이 아메리카 식민지에 끼친 결정적인 영향이 하나 더 있었습니다. 그것은 바로 식민지 모국인 영국과의 갈등을 증폭시켰다는 점입니다. 이는 부분적으로는 영국의 전쟁 전략에서 기인

아메리카 식민지의 독립을 불러온 영국과 프랑스의 7년 전쟁

했습니다. 영국은 아메리카 대륙에서 프랑스와 전쟁을 치르면서 군대에 필요한 인력의 대부분을 식민지에서 충원하는 동시에 전쟁 수행에 필요한 자금은 모국인 영국에서 충당하는 전략을 택했습니다. 이 전략은 현지에서 인력을 보충하는 동시에 중앙정부에서 빠르게 명령을 하달할 수 있게 해주었기 때문에 전쟁 중에는 매우 효율적이었습니다. 그런데 영국은 전쟁에서 승리하고도 재정적 어려움에 처했고 전쟁 비용을 가급적 식민지에서 다시 벌어들이고 싶어 했습니다. 이런 영국의 욕심은 영국과 아메리카 식민지 사이에 돌이킬 수 없는 갈등의 씨앗이 되었습니다.

18세기 중반 아메리카 식민지의 모국이었던 영국이 식민지로부터 돈을 거둬들일 가장 손쉬운 방법은 새로운 세금을 도입하는 것이었습니다. 이를 위해 영국은 전쟁이 끝난 지 얼마 되지 않은

1765년에 인지세법을 도입했습니다. 이 법은 식민지의 신문, 팸플릿, 각종 증명서, 허가증 등의 문서에 영국에서 수입한 인지를 붙이는 것을 의무화했습니다. 영국은 이외에도 병영법을 시행하여 영국군의 주둔에 필요한 집과 음식을 식민지인이 제공하게 했습니다. 이러한 법은 식민지인의 동의 없이 제정되어 시행되었기에 매우 강한 반발을 초래했습니다. 게다가 당시 식민지 지식인들은 영국과 유럽 대륙에서 퍼지고 있는 계몽주의 사상을 이미 접하고 있었기에 영국의 정책이 합리적이지 못하다는 사실을 최신 정치철학 사상에 근거해서 논리적으로 반박할 수 있었습니다. 우리에게도 잘 알려진 "대표 없이 과세 없다"라는 구호 역시 계몽주의적 합리성에 따라 이때 만들어졌습니다.

식민지인의 반발에도 영국이 일련의 법을 도입해서 세금을 걷으려고 하자 식민지인은 격렬하게 저항했습니다. 그 와중에 1773년 보스턴 차 사건이 터졌습니다. 당시 아메리카 식민지에서 소비되는 차의 대부분은 정식으로 수입된 것이 아니라 네덜란드에서 밀수업자들이 들여온 것이었습니다. 영국 동인도회사를 거쳐 정식으로 수입된 차의 가격이 네덜란드에서 밀수한 차보다 비쌌기 때문입니다. 이에 영국 정부는 홍차법을 시행하며 자국 동인도회사의 차를 식민지에 수출하기 위해 동인도회사의 세금을 일부 면제해주었습니다. 그러면 동인도회사는 아메리카 식민지에서 보다 저렴한 가격에 차를 팔 수 있었습니다. 그러나 영국 정부는 아

보스턴 차 사건

메리카 식민지인이 차를 살 때 내야 하는 세금은 유지했습니다. 즉 동인도회사가 영국 정부에 내야 하는 세금은 줄었지만 식민지인 이 직접 내야 하는 세금은 그대로이거나 차 판매량이 증가할 경우 더 늘어날 수도 있었습니다.

　이러한 방식은 장기적으로 식민지인을 영국 정부에 더욱 종속 시키려는 것으로 여겨졌기에 많은 식민지인의 반대에 부딪히게 됩니다. 게다가 당시 식민지에서는 밀수업에 종사하는 사람 역시 많았기에 홍차법이 시행되기 전부터 네덜란드에서 차를 밀수하던 이들 역시 홍차법에 반대했습니다. 결국 1773년 12월에 '인디언'으로 변장한 식민지인들이 보스턴 항구에서 동인도회사의 선박들에 잠입해 300상자가 넘는 차를 바다에 버리는 사건이 발생합니다.

영국 의회는 식민지인들이 보스턴 차 사건에 대해 배상할 때까지 보스턴 항구를 폐쇄한다는 내용의 보스턴 항구법을 비롯해 식민지인들로부터 "참을 수 없는 법들"이라 불리는 일련의 법안을 제정했습니다.


## 미국군은 어떻게 최강 영국군에게 승리했나

"참을 수 없는 법들"에 대한 식민지인의 반항이 거센 상황에서 1775년 영국군은 렉싱턴과 콩코드에서 식민지 민병대의 무기고를 습격했습니다. 이때 식민지 민병대가 영국군을 물리침으로써 본격적으로 미국 독립전쟁의 막이 오르게 됩니다. 13개 식민지는 대륙회의를 소집하고 1776년 7월 4일에 독립선언문을 발표해 영국으로부터의 독립을 선언했습니다. 그런데 독립선언문이 역사적으로 중요한 것은 단지 영국으로부터 미국의 독립을 선언했기 때문만은 아닙니다. 독립선언문에는 영국으로부터의 독립뿐만 아니라 계몽주의의 중요한 이상이 담겨 있었습니다. "모든 사람은 평등하게 태어났으며, 생명, 자유, 그리고 행복의 추구에 있어서 양도할 수 없는 권리를 부여받았다"는 선언이 이에 해당합니다. 여기에는 앞서 설명했듯이 식민지 지식인들이 이미 당대 유럽에서 퍼지고 있던 계몽주의 사상을 접했다는 점이 큰 역할을 했습니다. 오늘날 미국

1776년 토머스 제퍼슨 등 다섯 명이 독립선언문 초안을 발표했다(위)
자유와 평등, 인권이라는 미국의 건국이념을 천명한 독립선언문(아래)

의 독립을 단순한 정치적 해프닝이 아니라 세계사적 혁명으로 보는 시선에는 이러한 맥락이 있습니다.

이렇게 세계사적 의미를 지니는 식민지인의 움직임에 대해 영국 정부는 오판했습니다. 전쟁 초기만 해도 영국 정부는 식민지인의 행동을 단순한 반란으로 여기고 군대로 진압하면 잠잠해질 것이라고 믿었습니다. 실제로 전쟁 초기에 영국은 신생국인 미국에 비해 명확한 군사적 우위를 지니고 있었고 얼마 지나지 않아 반란을 진압할 수 있을 것으로 보였습니다. 당대 가장 강한 군대 중 하나였던 영국군에 비해 미국의 군대는 막 조직되어 훈련도 제대로 되어 있지 않았습니다. 이런 상황에서 영국으로부터 미국의 독립을 인정받기까지는 사령관인 조지 워싱턴의 전략이 결정적인 역할을 했습니다. 워싱턴은 영국군과 전통적인 전투를 벌일 경우 상대적으로 수준이 떨어지는 미국군이 패배할 확률이 높다는 점을 알고 있었습니다. 따라서 그는 전면전을 피하고 시간을 끄는 전략을 선택했습니다. 물자 보급에 오랜 시간이 걸리는 영국군의 약점을 이용하려 했던 것입니다.

한편 미국이 상대적으로 부족한 군사력에도 영국으로부터 독립할 수 있었던 데에는 다른 유럽 국가들의 역할도 중요했습니다. 특히 영국의 가장 중요한 라이벌이었던 프랑스가 미국을 지원했습니다. 전쟁이 발발하자 미국 건국의 아버지 중 한 명으로 꼽히는 벤저민 프랭클린이 프랑스로 파견되어 지원을 요청했습니다. 당시

막 왕위에 오른 프랑스의 루이 16세는 영국을 견제하기 위해 참전을 결정했고 프랑스의 지원은 미국에 결정적인 도움이 되었습니다. 게다가 프랑스가 참전을 결정하자 당시 프랑스의 동맹국이었던 스페인 역시 참전했습니다. 프랑스는 미국에 군사적인 지원뿐만 아니라 각종 차관까지 제공했습니다. 훗날 프랑스가 미국 독립 100주년을 기념하여 자유의 여신상을 선물한 이유 역시 이런 사연이 있었기 때문입니다.

워싱턴의 지휘에 따라 아메리카 대륙에서 영국군과 맞서 싸운 미국군의 선전, 그리고 영국을 견제하기 위해 미국을 지원한 유럽 국가들 덕분에 결국 독립선언문을 발표한 지 7년이 지난 1783년에 영국은 파리에서 열린 강화회의에서 미국의 독립을 인정할 수밖에 없었습니다. 현대사의 초강대국 미국은 이렇게 지난한 과정 끝에 영국으로부터 독립했습니다.

한편 프랑스는 영국을 견제하려던 전략적 목적을 어느 정도 달성했습니다. 그러나 그에 따른 막대한 지출은 프랑스 재정을 무너뜨렸고 국가 부채는 감당할 수 없을 정도로 늘어났습니다. 결국 루이 16세는 이전까지 세금을 내지 않았던 귀족들에게 세금을 부과하려 했고 귀족들은 반발하며 삼부회를 소집합니다. 이 삼부회 소집은 이후 세계를 뒤흔든 프랑스 혁명의 출발점이 됩니다.

아이러니하게도 미국의 자유를 위해 싸운 프랑스는 내부적으로도 자유를 위한 투쟁에 휘말리게 되었습니다. 7년 전쟁에서 촉발

된 이 연쇄적인 사건의 진행은 미국과 프랑스의 역사가 서로 얼마나 깊은 영향을 주고받았는지를 보여줍니다. 미국 독립이 프랑스 혁명을 낳았고 그 혁명은 또 다른 변화를 불러오며 세계사의 흐름을 바꾸었습니다. 이처럼 역사란 결코 한 나라의 울타리 안에서만 이해될 수 없는 복잡하고 유기적인 과정입니다.

## 2   호주는 영국인 범죄자들이
        만든 나라다?


　호주를 일컫는 오스트레일리아라는 이름은 '테라 아우스 트랄리스(Terra Australis)'라는 라틴어에서 유래했습니다. 이는 '남쪽의 땅'이라는 의미로서 고대 유럽인들이 상상한 가상의 남쪽 대륙을 가리켰습니다. 고대 유럽인은 자신이 살고 있는 북쪽 말고 남쪽에도 큰 대륙이 있을 거라고 상상해서 실제로 가본 적도 없는 이 상상의 대륙에 이름을 붙였습니다. 그리고 대항해 시대 이후 호주 대륙을 '발견'하자 오래전부터 상상한 이름을 이 새로운 대륙에 붙였습니다.

　그런데 오늘날 호주라고 불리는 대륙의 역사는 우리가 생각하는 것보다 훨씬 오래되었습니다. 현재 호주 인구의 대부분을 구성하고 있는 백인이 이주하기 전에 이미 '원주민'이 살고 있었기 때문입니다. 이들은 약 6만 5000여 년 전에 동남아시아에서 바다를 건너 새로운 대륙에 정착했습니다. 이후 원주민은 수렵채집에 기반한 사회를 가꾸어나갔습니다. 한참의 시간이 지난 17세기에 유럽인이 호주 대륙에 도착했을 때는 대략 75만 명의 원주민이 살고 있었을 것으로 추정됩니다.

그런데 유럽인들은 어쩌다가 지구 반대편에 있는 호주까지 오게 되었을까요? 사실 현재 호주 인구의 대부분이 영어를 쓰고 과거 호주가 영국의 식민지였기에 영국이 최초로 호주를 '발견'했을 거라고 생각하기 쉽습니다. 그러나 가장 먼저 호주에 도착한 유럽인은 네덜란드인이었습니다. 1605년 대항해 시대의 물결을 타고 네덜란드 동인도회사 다프켄호의 선장이었던 빌렘 얀스존이 유럽인으로서는 최초로 호주 대륙에 상륙했습니다. 그는 호주 북쪽의 케이프 요크 반도에 상륙해서 호주 대륙의 북쪽과 서쪽을 탐험했습니다. 얀스존의 '발견' 이후 네덜란드는 자국의 이름을 따서 이 지역을 '뉴홀란드'라고 명명했습니다. 그러나 네덜란드 정부는 이처럼 이름까지 붙이고도 이곳에 대규모 이민자를 보내거나 새로운 정착지를 건설하지는 않았습니다. 이로부터 약 80년 후인 1688년 마젤란에 이어서 두 번째로 세계일주에 성공한 영국인 윌리엄 댐피어 또한 뉴홀란드에 상륙했지만 영국 역시 이곳에 정착지를 세울 계획은 없었습니다.

얀스존이 호주 대륙을 '발견'했음에도 이곳에 새롭게 정착하는 이들이 없었던 이유는 유럽으로부터 지리적으로 너무 멀었기 때문입니다. 호주 대륙을 가장 먼저 '발견'한 네덜란드인이나 영국인의 입장에서는 굳이 이렇게 멀리 떨어진 지역으로 이주할 만한 유인이 없었습니다.

그런데 이런 상황은 18세기 말의 세계사적 대사건인 미국 독립으로 인해 변하기 시작했습니다. 1783년 미국이 영국으로부터 독립하고 그것이 국제적으로 인정받게 되자 영국 정부는 미국을 대체할 만한 새로운 식민지 건설의 필요성을 느꼈습니다. 마침 미국이 영국으로부터 독립하기 얼마 전인 1770년에 영국 탐험가 제임스 쿡이 이전에는 알려져 있지 않던 호주 대륙의 내륙 부분도 탐험했습니다. 네덜란드인이 '발견'하고 이름 붙인 뉴홀란드는 호주 대륙의 북쪽 지역이었던 반면 제임스 쿡은 새롭게 대륙의 동쪽을 '발견'하고 탐험했습니다. 쿡은 자신이 '발견'한 지역을 '뉴사우스웨일스'라고 명명했습니다.

미국이 독립한 상황에서 쿡이 새로운 광활한 영토를 발견하자 영국은 1787년 11척의 배로 구성된 '제1함대'를 뉴사우스웨일스로 보내서 호주 대륙 최초의 유럽인 정착지를 세우게 했습니다. 11척의 배 중에 두 척은 영국 해군 소속의 군선, 세 척은 보급선, 나머지 여섯 척은 수백 명의 죄수를 실은 배였습니다. 죄수들을 새로운 식민지로 보내는 행위는 사실 영국이 미국의 독립 이전에 북아메리카 식민지에도 적용했던 정책이었습니다. 새로운 식민지에 유죄 판결을 받은 죄수들을 보내 정착지를 만드는 것은 호주에만 적용

호주 대륙 상륙을 시도하는 제1함대(위)
상륙하는 죄수들(아래)

되는 특수한 사례가 아니라 영국의 일관된 정책이었던 셈입니다.

이후 1848년 마지막 죄수들이 집단 이송되기까지 영국은 꾸준히 이 새로운 대륙에 죄수들을 보냈습니다. '제1함대'는 1788년 1월 26일 오늘날의 시드니 포트잭슨항에 도착해서 정착지 건설을 시작했습니다. 이들이 본격적으로 식민지 개척을 시작한 이날은 현재에도 "오스트레일리아의 날", 즉 "호주의 날"로서 호주의 중요한 국경일로 기념되고 있습니다.


## 호주의 날, 침략의 날, 생존의 날

그런데 영국인들이 점점 호주 대륙을 탐사하면서 자신들의 정착지를 확장해갈 때 원래 이곳에 살고 있던 원주민들은 어떻게 되었을까요? 역사 속에서 처음 유럽인과 만난 원주민이 자주 그렇듯이 이들도 영국인의 도착과 함께 큰 고통을 겪어야 했습니다. 영국인은 원주민에게 천연두와 결핵 같은 질병을 옮겼습니다. 원주민은 이전에 이러한 질병을 접한 적이 없었기 때문에 면역력이 없었고 치명적인 결과를 맞아야 했습니다. 1789년의 한 기록에는 천연두로 한 원주민 부족의 90퍼센트가 사망했다고 쓰여 있습니다.

질병으로 인한 피해가 의도치 않은 것에 가까웠다면 영국인들에 의해 의도적으로 자행된 피해도 있었습니다. 예를 들어 많은 원주민이 영국인에게 납치되어 강제 노역에 시달려야 했습니다. 일부 영국인은 원주민 마을에 들어가서 어른뿐만 아니라 아이까지 납치하여 돈을 받고 팔아넘겼습니다. 고용주는 싼값에 원주민을 사와서 임금도 주지 않고 노동력을 착취했습니다. 이런 행위는 "블랙버딩(Blackbirding)"이라 불리면서 무려 1970년대까지도 일부 지역에서 지속되었습니다.

내륙으로 계속 들어오는 영국인의 정착지와 범죄행위에 일부 원주민은 무력으로 저항했습니다. 무력 저항은 1788년 '제1함대'가 들어온 직후부터 1934년까지 계속되었습니다. 그리고 이런 저항의 결과 부족 전체가 몰살당하는 일이 많았습니다. 공식적으로는 원주민과 영국인의 전쟁으로 4만여 명의 원주민이 사망했다고 기록되어 있지만 대부분의 역사학자는 훨씬 더 많은 수의 원주민이 사망했을 것으로 추정합니다. 원주민을 진압한 영국인의 행위를 '제노사이드', 즉 집단 학살로 봐야 한다고 주장하는 역사학자도 있을 정도로 영국은 의도적으로 원주민에게 많은 피해를 끼쳤습니다.

일명 '도둑맞은 세대' 혹은 '도둑맞은 아이들'이야말로 영국이 원주민에게 자행한 만행의 정점이었습니다. 이는 부모 동의 없이 원주민 아이를 분리해서 임의의 장소에 수용한 것이었습니다. 앞서 언급한 여러 이유로 원주민이 급감하는 것을 목격한 영국인은 원주민이 스스로를 보존할 힘이 없다는 결론에 이르렀습니다. 그리고 새로 태어난 원주민이라도 키워야 한다는 명분하에 부모로부터 떼어내어 아무런 연고가 없는 제3의 장소에서 집단적으로 양육했습니다.

식민지 경찰에게 원주민 아이들을 마음대로 데려갈 권한을 부여한 1869년 법이 "원주민 보호법(Aboriginal Protection Act)"이라는 점은 원주민을 대하는 영국인의 오만한 마음을 잘 보여줍니다. 이런 일은 무려 1970년대까지 일부 지속되었습니다. 1997년의 한 조사에 따르면 이렇게 부모로부터 분리된 아이가 최소한 10만 명으로 추정됩니다. 이를 감안하면 왜 오늘날 원주민들 사이에서 앞서 언급된 "호주의 날"이 "추모의 날", "침략의 날", 혹은 "생존의 날"로 불리는지 알 수 있습니다.


## 호주인 정체성의 탄생


한편 점점 규모가 커지던 호주 대륙의 정착지들은 1900년 무렵 퀸즐랜드, 뉴사우스웨일스, 빅토리아, 태즈메이니아, 사우스오스트레일리아, 웨스턴오스트레일리아 등 여섯 개의 큰 식민지로 구성되었습니다. 이를 토대로 1901년 오스트레일리아 연방이 만들어졌습니다. 그러나 이 무렵까지도 오스트레일리아 연방에 살고 있던 이들이 영국으로부터 분리된 독자적인 민족의식을 가지고 있었다고 보기는 어려웠습니다.

**식민지 경찰은 강제 수용된 원주민 아이들에게 영어와 종교를 주입했다.**

민족의식은 이후 1차 세계대전을 경험하면서 비로소 싹트게 됩니다. 1차 세계대전에 오스트레일리아 연방에서 40만여 명이 참전했고, 그중 6만여 명이 사망하고 15만여 명이 부상당했습니다. 특히 호주 식민지인들은 '호주와 뉴질랜드 군단'이라는 이름으로 전쟁에서 싸우면서 점차 영국과는 분리된 자신들만의 독자적 정체성을 인식하게 되었습니다. 그 때문에 1차 세계대전의 많은 전투 중에서도 호주 군단이 큰 피해를 입었던 갈리폴리 전투를 호주 민족의 탄생 시점으로 보는 견해가 역사학자들 사이에서 유력합니다. 자신들과는 직접적인 관련성이 적은 세계대전에 참전하여 많은 희생을 했기에 호주인들은 전쟁 후에 영국 정부에 대해 보다 강한 발언권을 갖게 되었습니다.

영국 정부에 대한 호주인의 발언권이 강해진 결과 1931년 영국

의회에서 웨스트민스터 헌장이 발표되었습니다. 웨스트민스터 헌장은 호주를 비롯한 영국연방 내의 자치령들에 독립적인 입법권과 외교권을 부여하는 중요한 법적 문서였습니다. 웨스트민스터 헌장으로 호주는 스스로 법을 제정하고 영국의 승인 없이도 다른 국가와 외교 관계를 수립할 수 있게 되었습니다. 이런 변화는 호주가 정치적, 외교적으로 사실상 독립국가로 자리매김하는 중요한 전환점이 되었습니다. 웨스트민스터 헌장을 통해 호주는 비로소 영국의 통제를 벗어나 독립적인 주권을 행사하게 되었던 셈입니다.

## 호주 최초의 이주자에 대한 오해와 진실

그런데 오스트레일리아 대륙의 '발견'에서 독립에 이르기까지 역사를 살펴볼 때 한 가지 주의해야 할 점이 있습니다. 바로 호주 역사가 영국 범죄자들의 이송에서 시작되었다는 주장에 관한 것인데요. 오늘날 우리는 흔히 영국에서 범죄자들을 보낸 것에서 호주의 기원을 찾곤 합니다. 즉 영국 내에서 범죄자를 전부 처리할 수 없어서 일부를 아직 개발되지 않았던 호주에 보내버렸고 이로부터 근대적인 의미의 호주 역사가 시작되었다는 것입니다. 앞서 언급했던 것처럼 영국에서 새로운 대륙으로 범죄자를 보냈다는 사실 자체는 실제 역사에 부합합니다. 그런데 그들이 구체적으로 어떠한 범죄를 저질렀는지, 그 범죄들이 중범죄였는지 경범죄였는지, 오늘날의 시선에서도 정말 심각한 잘못을 저지른 범죄자였는지에 관해서는 관심이 많지 않습니다.

이 문제를 알아보기 위해서는 우선 18세기 말 영국의 상황부터 살펴보아야 합니다. 1770년대 영국은 아메리카 식민지와의 전쟁 말고도 여러 사회문제를 동시에 겪고 있었습니다. 산업화가 시작되면서 도시 인구가 폭증했고 런던의 슬럼 지역에서 갖가지 범죄가 발생했습니다. 그중에는 가난에 절망해서 생필품을 훔치는 비교적 가벼운 범죄도 있었지만 이보다 심각한 중범죄들도 있었습니다. 1750년대까지도 중범죄를 저지른 사람 중 70퍼센트가 사형을 당했습니다.

하지만 계몽주의와 인권 개념의 대두와 함께 영국에서도 사형의 남용은 점점 시대에 뒤떨어지는 것으로 인식되었습니다. 그 결과 1790년대에는 중범죄자 가운데 25퍼센트만이 사형을 당했습니다. 그러나 죽음 말고 다른 방식으로 벌을 받아야 하는 이들에 대한 대우는 여전히 중세 때와 비슷했습니다. 심지어 많은 경우 국가가 아닌 민간인이 처벌을 담당하기도 했습니다. 이 경우 먹을 것도 수용자가 알아서 구해야 했습니다.

한편 영국에서는 이미 1700년대 초반부터 범죄자들을 해외로 보내는 제도가 발전했습니다. 앞서 언급했던 것처럼 초기에는 호주가 아니라 아메리카 식민지로 범죄자들을 보냈습니다. 이에 따라 1717년부터 1775년까지 대략 4만 명의 남녀가 아메리카로 보내졌습니다. 이들은 농장에서 강제 노역을 해야 했고 이로써 식민지와 식민지 모국 모두 만족했습니다. 식민지 정부는 새로운 노동력을 얻은 것에 만족했고 영국 정부는 관리하기 힘든 범죄자들을 자국에서 제거할 수 있었습니다. 그러나 1780년대 이후 아메리카 식민지는 미국이라는 이름으로 독립해버렸고 미국은 인권을 내세우며 더는 백인 죄수들을 강제 노역의 도구로 받아들이지 않았습니다. 대신 미국은 아프리카에서 흑인 노예들을 더욱더 많이 수입했습니다. 오늘날의 관점으로는 모순이지요.

미국의 독립으로 인해 영국 내에서는 관리해야 할 죄수의 수가 순식간에 늘어났습니다. 감옥이 부족했기 때문에 처음에는 더 이상 사용하지 않는 헐크 군선들에 죄수들을 수용했습니다. 죄수의 수가 워낙 많아서 런던 템스강에는 한때 죄수를 실은 군선들이 가득했습니다. 물론 배 내부의 상황은 방문자들이 지옥이라고 표현할 만큼 열악했습니다. 오염이 심각해서 각종 전염병이 창궐했고 죄수들의 피부는 썩어 들어갔습니다. 전염병 때문에 해당 지역을 지역구로 두고 있던 국회의원들은 지역민들에게 민원을 받았고 그 결과 정부에 해결책을 요구했습니다. 이 과정에서 오스트레일리아 대륙으로 범죄자들을 보낸다는 방안이 나왔습니다. 영국 정부는 처음에는 범죄자들을 러시아로 보내려고 했지만 러시아가 이를 거절했습니다.

물론 오스트레일리아 대륙이 선택된 다른 이유도 있었습니다. 1770년 처음으로 이 지역에 상륙한 쿡은 약 일주일간 해안 지역을 탐사했습니다. 이때 해안에는 온갖 식물이 풍부하게 자리 잡고 있었습니다. 그 풍족함에 깊은 인상을 받은 쿡은 이 해안에 "식물들의 만"이라는 뜻의 보타니 베이(Botany Bay)라는 이름을 붙였습니다. 그러나 쿡과 그의 일행은 과연 해안 너머의 땅이 농업에 적합한지는 정확하게 파악하지 않았습니다. 그런데 범죄자들을 해외로 보내버리는 임무를 맡은 내무부 장관 시드니 경이 보타니 베이라는 이름만 듣고는 섣불리 이 지역을 범죄자들을 보낼 지역으로 결정한 것입니다. 그는 곧 해군 소속 군인이었던 48세의 아서 필립에게 범죄자 이송을 맡겼습니다.

필립은 이송이 무사히 진행되는 데 결정적인 역할을 했습니다. 출발 전에 점검을 하던 필립은 약 1400명을 실을 배들의 상황이 너무나 열악하다는 점을 파악했습니다. 당시 배 안에서는 침대 하나의 넓이에 네 명의 범죄자가 수용되었습니다. 필립은 이런 열악한 조건에서는 질병의 확산을 막을 수 없다면서 정부에 의료 예방책을 주문했습니다. 배 안에서 먹을 식량도 부족했습니다. 필립은 "8개월간 계속될 여정이 마치 6주 안에 끝날 것처럼 준비된 상태"였다면서 정부로부터 더 많은 식량을 얻어냈습니다.

그러나 필립은 호주로 보내질 범죄자들을 선별하는 과정에는 개입하지 못했습니다. 원래의 목표대로라면 범죄자들을 영국에

아서 필립과 군인들이 시드니 코브에 상륙해 영국 국기를 올리고 있다.

서 내보내는 동시에 새로운 식민지를 건설해야 했기 때문에 농사나 건설과 관련된 일을 했거나 적어도 신체적으로 건강한 이들이 주로 선별되어야 했습니다. 하지만 실상은 그렇지 못했습니다. 약 330명의 죄수 중 여섯 명의 목수, 두 명의 벽돌공, 한 명의 어부, 한 명의 정원사가 있었을 뿐입니다. 약 4분의 1은 관련 경험이 없는 여성이었고 소매치기를 하다가 붙잡힌 13세의 소년과 82세의 노인도 있었습니다. 새로운 땅에 적응하는 데 큰 어려움을 겪었던 이 노인은 도착 직후 스스로 목숨을 끊었습니다. 이로써 그는 호주에서 스스로 목숨을 끊은 최초의 영국인으로 기록되었습니다.

대부분의 남성 죄수들은 도둑질을 하다가 체포된 이들이었습니다. 오이를 훔치다가 7년 형을 선고받은 25세의 남성을 비롯해서 책 다섯 권이 든 상자를 훔치다가 걸린 19세의 남성, 담배를 훔치다가 걸린 15세의 소년도 있었습니다. 다만 살인이나 성폭행 혹은 반역과 같은 중범죄자는 없었습니다. "이렇게 길을 잃은 것처럼 보이는 사람들을 본 적이 없다"라는 목격담은 비교적 가벼운 범죄를 저지른 후 갑자기 먼 곳으로 보내진 이들의 당혹감을 잘 보여줍니다. 252일의 여정 끝에 보타니 베이에 도착한 이들의 상황은 절망적이었습니다. 필립의 준비에도 대부분이 영양 부족으로 건강이 악화된 상태였습니다.

그러나 새로운 땅에 도착한 이들에게 더 큰 문제는 땅의 상태였습니다. 쿡은 5월에 도착했던 반면 필립과 그의 이주민들은 한여름에 해당하는 1월에 도착했습니다. 이 시기 남반구의 땅은 마치 사막과 같았습니다. 필립과 함께 이곳에 온 젊은 장교는 "우리가 정말로 여기 정착해야 한다면 1년도 지나지 않아 누구도 살아 있지 못할 것"이라며 자신이 느낀 절망감을 표현했습니다. 보타니 베이에서는 살아남을 가망이 없다는 사실을 깨달은 필립은 재빨리 새로운 땅을 찾아 나섰습니다. 수십 킬로미터 북쪽에서 더 나은 만을 찾은 필립은 시드니 경에게 보고서를 작성하면서 이 만을 "시드니 코브"라고 명명했습니다.

새롭게 도착한 식민지에서 필립은 절대적인 권력을 누렸습니다. 식민지에서 사법권과 군사권을 갖게 된 그는 첫 연설에서 앞으

1830년 시드니의 범죄자 집단

로 어떠한 범죄도 용납하지 않을 것이며 남성이 여성의 숙소를 찾아가는 행위조차 즉시 총살형으로 벌할 것이라고 말했습니다. 이런 벌을 피하기 위해 첫 주에만 죄수들 사이에서 14건의 결혼식이 진행되는 웃지 못할 상황이 펼쳐졌습니다. 필립의 강압적인 통치는 현재의 기준으로는 받아들이기 힘든 것이었지만 그럼에도 낯선 땅에 도착한 이주민들이 질서와 치안을 유지하고 땅을 개척해 나가는 데 큰 역할을 했습니다.

식량은 부족했지만 아직 땅을 개간한 결과가 나오기 전이었던 까닭에 호주에 도착하고 1년이 지난 시점에는 이주민의 30퍼센트만이 노동을 할 수 있는 상태였습니다. 더구나 새로운 땅에 대한 지식이 모자랐기 때문에 첫해의 농사는 실패로 돌아갔습니다. 영국에서 약속한 지원물자도 아직 도착한다는 소식이 들려오지 않았습니다. 이런 열악한 상황 때문에 필립은 한편으로는 배급품을 계속 줄이면서 다른 한편으로는 새로운 땅을 찾아 사람들을 파견했지만 풍요로운 새 땅을 찾으려는 노력은 거듭 수포로 돌아갔습니다.

1790년 6월 3일 불과 2주 분량의 식량만 남아 있던 절망적인 상황에서 마침내 영국에서 지원물자가 도착했습니다. 222명의 여성 죄수를 실은 배들이 식량과 옷 그리고 농기구까지 싣고 온 것입니다. 1791년에는 처음으로 제대로 된 수확을 거둘 수 있었습니다. 같은 해 필립은 모범적으로 일한 남성들에게 처음으로 토지 소유를 허락해주었고 1793년, 드디어 최초의 자발적인 영국 이주민들이 호주에 도착했습니다. 이들이 무사히 정착에 성공한 이후 자의나 타의에 의한 호주로의 이주는 계속되었습니다.

1840년에는 자의로 이주한 사람들의 반대로 더 이상 영국 정부는 범죄자들을 보내지 않게 되었습니다. 1851년에는 호주에서 금이 발견되면서 마치 미국의 서부개척 시대처럼 영국에서 호주로 향하는 이주민의 수가 폭발적으로 늘었습니다. 그 결과 호주의 인구는 곧 100만 명을 넘어섰습니다. 이러한 전체 과정을 살펴보면, 호주의 역사가 단순히 범죄자들의 이주로만 시작되었다고 단정하기에는 무리가 있음을 알 수 있습니다.

# 3 독립 영웅 볼리바르의 꿈은 왜 실패하고 말았을까?

1828년 9월 25일 밤 현재 콜롬비아의 수도인 보고타에서 긴급 상황이 벌어졌습니다. 그란콜롬비아라는, 우리에게는 낯선 나라의 최고 장군 라몬 게라가 쿠데타를 일으켰던 것입니다. 얼마 전부터 최측근을 중심으로 자신과 함께할 이를 구한 게라는 총 30여 명을 이끌고 그란콜롬비아의 최고 권력자인 대통령을 암살하고자 했습니다. 그런데 몇 시간 전에 공모자 한 명이 술에 취해 음모를 발설하면서 암살 계획은 이미 탄로 나버렸습니다. 게라가 살아남으려면 매우 빠르게 행동해야 했습니다.

그러나 자신을 따르는 이들을 이끌고 대통령을 지키는 20여 명 남짓의 보초병을 제거한 후 대통령의 침실에 잠입한 게라의 무리를 크게 당황시키는 일이 벌어집니다. 대통령의 침실에 대통령은 없고 그의 애인인 마누엘라 사엔스라는 여성만이 있었기 때문입니다. 당황한 반란군 한 명이 사엔스라도 죽이려고 했지만 다른 누군가가 "우리는 여성을 죽이지 않는다"라고 말하며 그를 말렸습니다. 여성을 살려둔 반란군은 곧 사엔스에게 물었습니다. "볼리바르는 어디 있는가?"

반란군이 죽이려고 했던 그란콜롬비아의 대통령은 시몬 볼리바르였습니다. 사엔스는 볼리바르가 실제로 도망간 방향과는 반대 방향을 알려주었고 이 덕분에 볼리바르는 가까스로 살아남았습니다.

그렇다면 19세기 초 남아메리카에서는 도대체 무슨 일들이 일어났기에 대통령인 볼리바르가 암살의 위기에까지 처한 것일까요? 이에 대해 알기 위해서는 우선 이 사건의 주인공인 시몬 볼리바르라는 인물에 대해 알아야 합니다.

시몬 볼리바르는 1783년 오늘날의 베네수엘라 지역에서 태어났습니다. 당시 스페인의 식민지였던 남아메리카 지역에서 태어난 유럽인의 자손을 크리올이라 불렀는데, 볼리바르의 부모 역시 크리올이었습니다. 볼리바르의 부모는 경제적으로 막대한 부를 가지고 있었지만 볼리바르가 두 살일 때 아버지가, 아홉 살일 때는 어머니가 결핵으로 사망했습니다.

부모가 사망하고 여러 친척의 집에서 자란 볼리바르는 14세가 되었을 때 군사학교에 입학했고 다음 해인 1799년에는 친척의 도움으로 식민지 모국인 스페인을 여행했습니다. 1789년 프랑스 혁명 이후 대격변을 겪던 유럽을 직접 방문한 경험은 이후 볼리바르의 인생에 결정적인 영향을 끼쳤습니다. 볼리바르는 1802년에는 피레네 산맥을 넘어 파리에 도착했고 그곳에서 루소, 몽테스키외, 볼테르, 로크와 같은 계몽주의 철학자의 사상을 공부했습니다. 특히 자유와 인권, 3권 분립과 법치 사상을 공부한 덕분에 볼리바르는 새로운 세계관에 눈을 뜨게 되었습니다. 볼리바르는 유럽에 머물면서 스페인이 철저하게 몰락하는 상황을 두 눈으로 똑똑하게 지켜봤습니다. 프랑스에서 나폴레옹이 집권한 이후 스페인 역시 나폴레옹에게 굴복하고 매우 굴욕적인 통치를 받아야 했기 때문입니다.

볼리바르는 유럽을 호령하던 나폴레옹에게서 깊은 인상을 받았습니다. 1807년 베네수엘라 지역으로 돌아온 볼리바르는 나폴레옹과 같은 방식으로 남아메리카 전체를 스페인으로부터 해방시키겠다는 결의에 찬 혁명가가 되어 있었습니다. 몇 년 전에 스페인에서 만나 결혼한 아내가 베네수엘라에 도착하고 몇 달 만에 사망하면서 그의 결의는 더욱 확고해졌습니다. 어린 시절 부모를 잃고 결혼하자마자 아내를 잃었다는 사실 때문에 볼리바르는 자신이 가족을 통한 평범한 행복은 꿈꿀 수 없는 인물이라고 확신하게 되었습니다.

## 그란콜롬비아의 유일무이한 대통령 볼리바르

볼리바르가 남아메리카로 돌아왔을 때 유럽에서는 나폴레옹이 스페인 왕을 퇴위시키고 스페인을 사실상 점령한 상황이었습니다. 본국이 외국에 점령당하면서 남아메리카에 주둔하고 있던 스페인 군대는 본국으로부터의 보급이 끊긴 상황이었습니다. 베네수엘라 지역에 주둔하고 있던 300여 명 남짓의 군대는 본국에서 무슨 일이 일어났는지조차 제대로 알지 못했습니다. 기회를 포착한 볼리바르와 몇몇 크리올은 1811년에 스페인의 지배를 거부하고 독자적으로 베네수엘라 공화국을 선포했습니다.

그러나 크리올은 대부분 부유한 백인 출신이었기 때문에 이들이 주도하는 독립운동은 대중의 지지를 받지 못했습니다. 스페인 본국 출신의 지배 세력도 이러한 사실을 잘 알았기에 이를 이용해서 식민지인들 사이에 내분을 일으켰습니다. 노예와 원주민을 비롯한 다수의 하층민이 크리올에 저항하는 움직임을 보였고 크리올이 주도하는 독립운동은 내분에 휩싸여 무너지고 맙니다. 결국 볼리바르는 카리브해의 퀴라소로 도주했습니다.

이후 볼리바르는 "스페인의 무기가 아니라 우리의 내분이 우리를 노예로 만들었다"고 기록했습니다. 크리올만의 저항운동이 지닌 한계를 인식한 볼리바르는 새로운 계획에 골몰했습니다. 또한 그는 단순히 스페인으로부터 독립하는 것만이 아니라 이후 만들어질 독립국가가 어떠한 형태여야 하는지도 진지하게 고민했습니다. 당시 공화국을 부르짖은 많은 사람이 영국으로부터 독립한 미국에서 많은 영감을 받았고, 남아메리카에도 미국과 같은 국가가 건국되기를 소망했습니다. 그러나 볼리바르는 반란이 내분으로 실패한 이후 남아메리카에서는 미국과 같은 느슨한 정부 체제가 유효하지 않다고 생각했습니다. 볼리바르는 함께 반란에 참여했던 사람들과는 달리 시대가 혼란스러우면 정부 역시 헌법이 아닌 공포로 운영되어야 한다고 확신하기에 이릅니다.

퀴라소로 피신했던 볼리바르는 다시 지금의 콜롬비아 카르타헤나로 향했습니다. 볼리바르는 이곳에서 이미 스페인 지배 세력과 갈등을 빚고 있던 군부에 몸을 의탁했고, 곧 스페인 군대에 맞서 한 지역을 수비하는 역할을 부여받았습니다. 그러나 그는 수비에만 머물지 않고 오히려 스페인군을 공격했습니다. 유럽 여행 중에 나폴레옹에게 깊은 영감을 받았다는 사실을 증명이라도 하듯 볼리바르는 매번 새로운 전술로 스페인군을 놀라게 했습니다.

볼리바르는 새로운 지역을 점령한 후에는 식민지인을 향해 "스페인 사람들이 너희의 남편을 노예로 삼고 아내를 겁탈했으며 집을 약탈했다"고 말하면서 자신의 세력을 계속 확장했습니다. 이러한 기세로 그는 반군의 장군으로 임명되었고 1813년에는 얼마 전에 자신을 쫓아냈던 베네수엘라 지역으로 돌아가서 스페인으로부터 이 지역을 해방시킨 영웅으로 열렬한 환대를 받았습니다. 대중

1825년의 시몬 볼리바르

은 그를 "베네수엘라의 해방자"라고 불렀고 이 별명은 이후 줄곧 그를 부르는 대명사가 되었습니다. 식민지인의 전폭적인 지지를 등에 업은 볼리바르는 다음 해인 1814년 불과 30세의 나이에 공식적으로 베네수엘라의 최고 권력자가 되었습니다. 권력을 잡은 그는 이전의 깨달음을 증명이라도 하듯 사흘 만에 800명이 넘는 전쟁포로를 처형했습니다.

하지만 같은 해 유럽 대륙에서 나폴레옹이 패배하면서 그의 지배로부터 벗어난 스페인 역시 다시 남아메리카로 군대를 파견했습니다. 볼리바르는 스페인에 맞서기 위해 유럽의 종전 이후 실업자가 된 5000명 이상의 영국군과 아일랜드군을 돈을 주고 고용했습니다. 수년간 지속된 전쟁 끝에 볼리바르는 1819년에 마침내 베네수엘라와 누에바 그라나다 지역을 통합하여 그란콜롬비아를 건국했습니다.

볼리바르는 건국 후에 곧바로 새로운 헌법을 발표했습니다. 이 헌법에 따르면 100페소의 재산이 있는 모든 남성이 선거권을 가졌고, 노예무역은 금지되었으며, 노예 부모로부터 태어나는 아이도 자유 신분을 가졌습니다. 원주민에 대한 강제 노동 역시 금지되었습니다. 4년 임기의 재선 가능한 대통령은 의회가 선출했는데 첫 대통령으로는 자연스럽게 볼리바르가 당선되었습니다.

대통령이 된 볼리바르는 세력 확장을 멈추지 않고 오늘날의 에콰도르와 페루 지역까지 공격해서 스페인을 남아메리카에서 완전히 몰아내고자 했습니다. 처음 언급된 볼리바르에 대한 암살 시도에서 그의 침실에 있었던 애인 마누엘라 사엔스 역시 에콰도르 점령 과정에서 만났습니다. 이미 영국의 상인과 결혼한 사엔스는 매우 지적이었고 정치에도 관심이 많았는데요. 그는 볼리바르를 만나 그에게 매료된 이후 영국인 남편에게 대놓고 "당신은 당신 민족만큼이나 지루해요. 나의 애인이 남편인 당신이 아니라 장군이라는 사실이 나의 명예를 해칠 것이라고 정말 믿나요? 나는 사회적 관습에 따라 살지 않아요"라고 편지에 쓸 만큼 관습에 얽매이지 않는 여성이었습니다. 또한 이미 결혼했음에도 사회적 추문을 두려워하지 않고 볼리바르를 만날 만큼 자유분방한 성격이었지요. 이런 자유분방함 탓에 볼리바르를 따르는 남성 중에도 사엔스를 증오하는 이가 많았습니다.

어쨌든 볼리바르는 진군을 계속해서 1825년에는 오늘날의 페루와 볼리비아 지역을 스페인으로부터 해방시켰습니다. 이후 생겨난 볼리비아라는 국가의 이름 자체가 볼리바르를 기념하는 것이었습니다. 계속 영토를 확장한 결과 볼리바르의 그란콜롬비아는 오늘날의 콜롬비아, 에콰도르, 파나마, 베네수엘라는 물론이고 코스타리카, 페루, 브라질, 가이아나의 영토도 부분적으로 포괄하는 거대한 국가가 되었습니다. 300년 넘게 스페인의 식민 통치를 받은 남아메리카 지역은 공식적으로 식민지 상태에서 벗어났습니다.


## 해방 영웅이 독재자로 몰락하기까지

물론 각 지역에 살고 있는 일반인에게 수천 킬로미터 떨어진 곳에서 나타난 볼리바르는 스페인군만큼이나 정복자에 불과했다는 점도 간과할 수는 없습니다. 볼리바르는 이런 거리감을 줄이기 위해 14년간의 전쟁 기간에 동시대인 중 가장 많은 연설을 했다고 평가받을 만큼 열정적으로 활동했습니다.

이렇게 볼리바르는 영토 확장에 성공했지만 긴 기간 동안 넓은 지역에서 전쟁을 하는 것은 큰 약점이 되었습니다. 그가 정복하고 떠난 지역에 남겨진 여러 장군은 그에게 충분히 충성스럽지 않거나 시민에게 가혹한 통치를 하면서 그의 평판을 떨어뜨렸습니다. 본국인 그란콜롬비아에서는 반대파가 미국과 같이 더 자유로운 통치 체제를 요구했습니다. 이들은 미국의 사례에 따라 각 지역이 스스로의 의지대로 지방자치를 할 수 있기를 바랐습니다. 미국이라는 훌륭한 사례가 있었기 때문에 반대파의 의견에 공감하는 사람도 점점 늘어났습니다. 볼리바르는 자신과 다른 의견을 내세우는 사람들의 목소리가 커지자 군대를 통해 이들을 진압했습니다.

그런데 이러한 방법은 곧 정당성의 한계를 드러냅니다. 이에 대한 민심을 보여주기라도 하듯 선거에서도 반대파가 더 많은 표를 얻게 되죠. 분노한 볼리바르는 1828년 쿠데타를 일으키고는 자신을 "해방자 대통령"으로 선포하고 사실상 독재자가 되었습니다. 처음에 언급되었던 게라와 그의 반란군은 바로 이러한 상황에서 볼리바르 암살을 계획했습니다. 볼리바르는 애인의 재치로 죽음에서 벗어나고 날이 밝은 후에는 반란군을 처형했습니다. 하지만 이는 불만을 잠재울 근본적인 해결책이 아니었습니다. 볼리바르의 통치 기반이 약해지자 페루와 볼리비아 지역이 그란콜롬비아에서 독립해 나갔고 나머지 지역에서도 끊임없이 반란이 일어났습니다. 절망에 빠진 그는 마지막 명예를 지키기 위해 결국 모든 자리에서

베네수엘라 카라카스시의 시몬 볼리바르 동상

물러나겠다고 발표했습니다. 이 소식이 들리자마자 이번에는 에콰도르와 베네수엘라가 독립을 선언했습니다.

볼리바르는 억압적인 통치로 말년에 많은 저항에 직면했지만 많은 남아메리카인이 스페인의 지배로부터 남아메리카를 해방시킨 그의 공을 높이 삽니다. 이것이 1830년 병사한 이후 볼리바르가 남아메리카 지역에서 정치 진영을 가리지 않고 일종의 신화가 된 이유죠. 볼리바르의 사후 남아메리카 여러 나라의 극우와 극좌 진영 모두 자신의 정치적 이익을 위해 그를 끊임없이 소환했습니다. 전성기 때의 폭넓은 대중적인 인기, 군대에 기반한 통치, 그리고 강력하게 중앙집권화된 국가 체제를 지향했다는 사실은 좌우 가리지 않고 강력한 권력을 꿈꾸는 사람들이 볼리바르를 추앙하게 했습니다. 결국 볼리바르의 인생과 그에 대한 기억은 한때 "해방자"로 불린 인물이 종국에는 모든 독재자의 이상이 되어버린 역사의 아이러니를 잘 보여줍니다.

# 4 이탈리아는 어떻게
## 1400년 만에 통일국가가 되었을까?

      고대 로마제국은 대부분의 사람이 교과서로 역사를 배울 때부터 기본적으로 접할 정도로 잘 알려져 있습니다. 그러나 5세기에 멸망한 이후 로마제국이 자리 잡았던 땅, 오늘날의 이탈리아 역사에 대해서는 잘 알지 못하는 경우가 많습니다. 근대 이탈리아의 역사, 특히 지금의 이탈리아가 어떻게 탄생했는지는 따로 찾아보지 않는 한 알기가 쉽지 않습니다.

  고대 로마제국이 멸망한 이후 이탈리아는 다시 통일된 국가를 갖추지 못하고 중세를 거치며 여러 개의 작은 국가로 쪼개져 있었습니다. 하나의 민족은 하나의 국가에 살아야 한다는 인식에 익숙한 우리는 중세 이탈리아에 살던 이들이 하나의 통일된 국가를 꿈꿨을 것이라고 짐작하기 쉽지만 당시의 모든 사람이 그런 생각을 하지는 않았습니다. 하나의 민족이 하나의 국가를 가져야 한다는 생각은 1789년 프랑스 혁명 이후에야 비로소 유럽에서 확산되었습니다. 따라서 하나의 이탈리아를 꿈꾸는 생각 역시 프랑스 혁명 이후에야 이탈리아인 사이에 본격적으로 퍼졌습니다.

1792년 프랑스에서 공화국이 선포되자 이탈리아에서도 통일된 이탈리아를 꿈꾸며 프랑스 혁명의 이념을 이탈리아에 이식하고자 했던 이들이 등장했습니다. 프랑스 혁명의 급진파를 가리키는 자코뱅에서 이름을 빌려온 '이탈리아의 자코뱅'은 토리노, 나폴리, 팔레르모 등지에서 봉기를 일으켰지만 아직 혁명의 분위기가 무르익지 않았던 탓에 이들의 시도는 실패로 끝났습니다.

이 와중에 등장한 나폴레옹은 이탈리아 원정에서 큰 성공을 거두었고 이후 여러 개의 작은 위성국가를 만들어 이탈리아를 더욱 쪼개놓았습니다. 결과적으로 프랑스 혁명은 근대 이탈리아 역사에 두 가지 영향을 미치게 됩니다. 한편으로는 나폴레옹에게 패배하는 굴욕적인 역사를 이탈리아에 안겼지만 동시에 근대적 의미의 민족주의를 싹트게 한 것이죠.

나폴레옹이 몰락한 이후 오스트리아의 주도하에 유럽 열강들은 빈에서 전후 질서를 어떻게 세울지 논의합니다. 1815년 탄생한 빈 체제에서 이탈리아는 다시 한번 강대국의 주도하에 분열의 아픔을 맛보게 됩니다. 빈 체제의 결과 이탈리아 남부에는 스페인이 장악한 두 개의 시칠리아 왕국, 즉 양시칠리아 왕국이 탄생했고 이탈리아 북부에는 오스트리아의 영향력 아래 놓인 롬바르디아-베네치아 왕국이 만들어졌습니다. 한편 이탈리아 중부와 북서부에는 빈 체제 이전부터 교황의 지배하에 있는 교황령과 사르데냐 왕국이 있었습니다. 1820년대에 양시칠리아 왕국과 사르데냐 왕국에서 빈 체제에 반대하는 봉기가 일어나기도 했지만 빈 체제를 수호하려는 유럽 열강의 의지 때문에 성공하지 못하고 진압되었습니다.

## 사르데냐 왕국에서 이탈리아 왕국까지

일단의 실패에도 통일된 이탈리아를 꿈꾸는 이들이 있었습니다. 변호사로 활동하던 주세페 마치니는 민족주의 운동을 벌이다가 프랑스 마르세유로 망명해 "청년 이탈리아"라는 정치 모임을 결성하고 공화정에 기반한 통일된 이탈리아의 이상을 제시했습니다. 이후 이탈리아 통일에서 핵심 역할을 한 주세페 가리발디 또한 청년 이탈리아에 합류하여 피에몬테, 볼로냐, 칼라브리아, 리미니 등에서 각종 봉기를 주도했습니다.

그런데 다 함께 통일된 이탈리아를 꿈꾸면서도 이후 이탈리아가 구체적으로 어떤 모습을 보여야 할지에 대해서는 이견이 존재했습니다. 마치니와 같은 사람들이 왕이 없는 공화정 체제를 꿈꿨다면 좀 더 보수적인 민족주의자들은 입헌군주제를 더 안정적인 정치 체제로 선호했습니다. "청년 이탈리아"에 맞서 "부활(Risorgiménto)"이라는 이름으로 활동한 이 모임에는 훗날 가리발디와 함께 이탈리아 통일에 중요한 역할을 하는 카밀로 카보우르와 같은 정치인이 활약했습니다. 이후 "부활"이라는 단어는 이탈리아의 통일 운동 자체를 일컫는 대명사로 쓰이게 됩니다.

1840년대를 거치며 이탈리아뿐만 아니라 전 유럽에서 민족주의 운동은 점점 더 강해졌습니다. "민족들의 봄"이라 불리며 전 유럽 대륙을 휩쓸었던 1848년 혁명은 그러한 민족주의 운동의 절정이었습니다. 1848년 혁명의 시작은 흔히 프랑스에서 일어났던 2월 혁명으로 알려져 있지만 사실 이미 한 달 전에 이탈리아에서는 시칠리아를 비롯한 여러 지역의 봉기가 시작되었습니다. 당시 사르데냐 왕국의 왕이었던 카를로 알베르토는 점점 거세지는 혁명의 물결을 목도하면서 중대한 결심을 했습니다. 1848년 3월 4일 자신의 왕국에 헌법을 도입하기로 한 것이었습니다. 그는 혁명의 물결이 더욱 거세져서 왕정 자체가 무너지는 것을 막기 위해 발 빠르게 스스로 입헌군주제를 선포했습니다.

비록 국민 대표가 논의한 끝에 탄생한 헌법이 아니라 위로부터, 즉 왕으로부터 선포된 헌법이라는 한계를 지녔지만 이러한 조치를 통해 사르데냐 왕국은 이후 이탈리아 통일 운동에서 이탈리아인으로부터 폭넓은 지지를 받는 왕국으로 남았습니다. 몇 주 후에 오스트리아의 실질적인 지배를 받던 밀라노는 오스트리아로부터의 독립과 동시에 사르데냐 왕국으로의 병합을 선언하기도 하죠. 밀라

샤르데냐 왕국의 의회

---

노를 지원하기 위해 사르데냐 왕국이 군대를 파견하고 오스트리아와 전쟁을 시작하면서 이른바 '1차 이탈리아 독립전쟁'이 발발했습니다. 결국 사르데냐 왕국은 오스트리아에 패배했지만 다시한번 이탈리아 통일 운동의 상징적인 존재가 되었습니다.

1848년 혁명이 이탈리아에서 좌절된 이후 사르데냐 왕국의 총리로 취임한 카보우르는 이탈리아의 통일을 달성하기 위해서는 단순히 이탈리아인 내부의 통일 운동뿐만 아니라 외교적 힘이 필요하다는 것을 절감했습니다. 그래서 그는 바로 프랑스의 나폴레옹 3세에게 접근했습니다. 자신과 마찬가지로 나폴레옹 3세 역시 오스트리아와 외교적으로 대립했기 때문입니다. 카보우르는 나폴레옹 3세와의 협상에서 니스와 사부아 지역을 프랑스에 양도하는 대신 이후 오스트리아와 전쟁이 벌어질 경우 롬바르디아와 베네치아를 오스트리아로부터 빼앗도록 지원하겠다는 약속을 받아냅니다.

나폴레옹 3세의 지원을 등에 업은 사르데냐 왕국은 1859년 5월 다시 한번 오스트리아와 전쟁을 시작했습니다. 1차 독립전쟁 때와는 달리 승리를 거둔 사르데냐 왕국은 롬바르디아를 점령하고 내친김에 원래의 계획대로 베네치아까지 빼앗으려 했으나 나폴레옹 3세를 제외한 다른 열강의 방해로 실패하게 됩니다. 다른 열강의 경우 굳이 이탈리아가 통일되어 또 다른 강대국이 탄생하는 것을 원하지 않았기 때문입니다. 그러나 사르데냐 왕국이 오스트리아와 전쟁을 벌이는 것을 보면서 파르마, 모데나, 토스카나 등 이탈리아의 다른 지역에서도 오스트리아의 지배에서 벗어나려는 자발적 봉기가 일어났기 때문에 이후 이탈리아 통일 운동은 거스를 수 없는 시대적 흐름이 되었습니다.


## 통일 영웅 가리발디가 지금까지 존경받는 이유


이렇게 북쪽에서 오스트리아에 대한 저항이 거세지는 동안 남쪽에서는 스페인에 대한 본격적인 독립운동이 시작되었습니다.

주세페 가리발디(위)
나폴리에 입성한 가리발디(아래)

1860년 5월 11일 카보우르와 사르데냐 왕국의 지원을 받은 가리발디는 붉은 셔츠단이라고 불린 1067명의 지원자를 이끌고 시칠리아에 상륙해서 양시칠리아 왕국에 대한 독립전쟁을 벌였습니다. 그곳 시민들의 전폭적인 지지를 받은 가리발디는 사흘 후에 벌어진 전투에서 승리를 거두고 빠르게 시칠리아를 해방시켰습니다. 가리발디는 곧바로 이탈리아 본토로 진군하여 약 4개월 후인 같은 해 9월에 양시칠리아 왕국의 수도였던 나폴리를 점령했습니다.

가리발디가 이렇게 짧은 시간 안에 놀라운 성과를 거두자 그를 지원하던 사르데냐 왕국과 카보우르도 위협을 느끼게 됩니다. 자칫하면 가리발디가 이탈리아 통일 운동의 새로운 주인공으로 떠오를 수도 있었기 때문입니다. 특히 가리발디와 그의 붉은 셔츠단은 군사적으로 빠르게 승리했을 뿐만 아니라 민간인의 피해를 최소화하려고 노력하면서 이탈리아인의 절대적인 지지를 받게 되었습니다. 또한 앞에 언급했듯이 가리발디의 경우 젊은 시절부터 입헌군주제가 아니라 왕이 없는 공화정 체제를 지지했기 때문에 사르데냐 왕국으로서는 가리발디의 빠른 성공이 너무나 위협적이었습니다.

그러나 이러한 걱정은 기우였습니다. 양시칠리아 왕국에서 국민투표를 실시한 결과 남부 이탈리아인 다수가 사르데냐 왕국으로의 병합을 원한다는 것을 확인한 가리발디는 10월 26일 나폴리 인근의 테아노에서 당시 사르데냐 왕국의 왕이었던 비토리오 에마

누엘레 2세를 만나 그를 '이탈리아의 왕'으로 인정했습니다. 그리고 자신이 정복한 남이탈리아의 모든 영토를 대가 없이 왕에게 바쳤습니다. 이처럼 대가를 바라지 않고 국민의 의견을 따랐기 때문에 가리발디는 오늘날까지도 이탈리아 국민에게 통일의 영웅으로서 기억되고 존경받고 있습니다.

그 이후 이탈리아는 오스트리아의 수중에 있던 베네치아와 교황령이었던 로마를 탈환하면서 5세기 말 로마제국의 멸망 이후 약 1400년 만에 다시 통일된 국가로 재탄생하게 됩니다.

# 5    스위스는 왜
## 중립국이 되기로 한 걸까?

여러 강대국 간의 갈등에 원치 않게 끼어들게 됐을 때 우리는 종종 중립국이 될 수는 없을지 생각해보곤 합니다. 중립국이라고 하면 여러 국가가 떠오를 수 있지만 우리에게 가장 익숙한 중립국은 아무래도 스위스입니다.

스위스인 스스로 자국의 역사를 생각할 때도 중립은 핵심적인 요소입니다. 2016년 여론 조사를 실시한 결과 무려 96퍼센트의 스위스인이 스위스가 계속 중립국으로 남는 것에 찬성했죠. 이와 같은 압도적인 찬성률은 중립이 스위스인에게는 단순히 하나의 정책이 아니라 스위스의 정체성 그 자체라는 사실을 드러냅니다. 그런데 스위스는 언제부터 중립국이었을까요? 그리고 스위스인은 왜 중립국이라는 것을 자신들의 가장 중요한 정체성 중 하나로 인식하게 되었을까요?

스위스의 중립성이 공식적으로 처음 언급된 것은 19세기 초입니다. 1815년 나폴레옹이 유럽 대륙에서 전쟁에 패한 후 영국, 프로이센, 오스트리아, 러시아를 비롯한 강대국의 대표단이 전후 질서를 논의하기 위해 빈에 모였습니다. 그 당시 스위스에는 나폴레옹이 세운 일종의 위성국가가 있었습니다. 유럽의 강대국들은 유럽 대륙 중앙에 지정학적으로 중요한 위치를 차지하는 스위스를 프랑스가 다시 점령하는 것을 막고 자국의 영향력 아래에 두고자 했습니다. 예를 들어 독일 지역의 대표단은 같은 독일어를 사용한다는 명분을 내세워서 스위스를 독일연방에 편입시키고 싶어 했고 오스트리아 역시 프랑스가 전쟁 중에 그랬던 것처럼 스위스에 위성국가를 만들고 싶어 했습니다.

여러 국가가 스위스 지역이 다른 세력의 영향력 안에 들어가는 것은 막고자 했기 때문에 협상에서는 어느 한쪽의 입장도 결코 관철될 수 없었습니다. 이 국가들이 보기에 미래에 또다시 전쟁이 벌어질 경우 작은 나라인 스위스가 강대국들을 상대로 혼자 힘으로 독립을 지킬 수 없을 것이라는 사실도 분명했습니다. 결국 11월 20일 영국, 러시아, 프랑스, 프로이센, 오스트리아는 "스위스의 영구적 중립과 그 영토의 불가침성에 대한 강대국들의 인정과 보장 선언"이라는 긴 이름의 합의문을 발표했습니다. 합의문의 이름에서 드러나듯이 다섯 개 국가는 스위스의 독립과 중립을 약속함으로써 어느 한 국가가 일방적으로 스위스를 자국에 종속시키는 것을 막았습니다. 스위스의 중립을 공식적으로 알린 이 최초의 문서가 보여주듯 사실 스위스의 중립은 스위스인 스스로 원했던 것이 아니라 유럽의 강대국이 서로를 견제하기 위해 스위스에 부여한 지위에 가까운 것이었습니다.

## 중립국 정체성의 탄생

그렇다면 여기서 자연스럽게 다음 질문을 떠올릴 수 있습니다. 중립국이라는 지위가 유럽의 다른 국가로부터 주어진 것이라면 어째서 스위스인은 중립국이라는 지위를 그토록 중요한 가치로 여기게 되었을까요? 사실 이 합의는 다른 국가에 의해 맺어졌기 때문에 발표 직후까지만 해도 많은 스위스인이 중립국이 되었다는 사실에 큰 의미를 부여하지 않았습니다. 대부분의 스위스인은 중립 자체보다는 중립이라는 위치가 가져다주는 독립성을 더 중시했습니다. 외부에서 강제로 주어진 중립국이라는 지위는 역설적이게도 스위스가 어느 한 국가에 종속되지 않는 독립성을 가져다주었습니다. 스위스 의회의 여러 문서에서 중립을 "스위스의 독립을 보장하기 위한 규정이자 목적을 위한 수단"이라고 분명히 밝힌 것에서도 알 수 있듯이 말이죠.

그러나 19세기 중반이 지나면서 유럽 대륙에서 다시 여러 차례

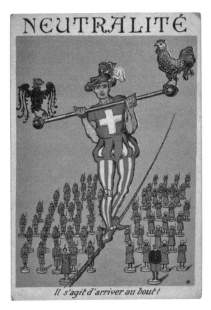

스위스인들에게 중립은 독립 보장의 수단과 같다.

전쟁이 벌어지자 스위스의 중립은 점차 위협받게 됩니다. 스위스
주변에서는 1866년에 프로이센과 오스트리아의 전쟁이 벌어졌고
1870년에는 프로이센과 프랑스의 전쟁이 발발했습니다. 이탈리아
에서도 통일 전쟁이 일어났습니다. 그리고 전쟁이 일어날 때마다
강대국은 기존 합의를 어기고 스위스에 자신의 편에 서라고 압박
을 줬습니다. 다른 한편 러시아에서 개혁 운동을 벌이다가 차르에
게 탄압받고 중립국인 스위스로 망명하는 사람도 점차 늘어났습
니다. 유럽의 각종 전쟁에서 스위스로 도망쳐온 이들과 러시아에

서 탄압을 피해 스위스로 망명 온 이들을 되돌려 보내라는 여러 강대국의 압박도 스위스에는 큰 골칫거리였습니다.

스위스가 19세기 초중반과 마찬가지로 계속해서 어느 한쪽을 편들지 않고 중립을 천명하면서 독립을 유지하려고 하자 1889년 러시아와 오스트리아 그리고 프로이센은 스위스의 중립성을 더 이상 인정하지 않겠다고 위협했습니다. 이는 1815년 자신들이 부여했던 중립국으로서 스위스의 지위를 박탈하겠다는 것과 다름없었습니다.

중립국 지위를 상실한다면 스위스는 이후 유럽 국가 사이에 갈등이 벌어질 경우 어느 한쪽 편에 원치 않게 서야 할 위험이 컸습니다. 그렇게 되면 이전과 마찬가지로 스위스는 다시 한번 위성국가로 전락할 위험이 있었습니다. 앞서 언급한 의회 문서들에서 보았듯이 중립은 스위스의 독립을 위한 필수적인 수단이었습니다. 그런데 중립의 중요성을 고민하는 과정에서 점차 많은 스위스인이 중립이 애초에 외부로부터 주어진 것이라는 문제의식을 갖게 되었습니다. 스위스의 독립을 유지하기 위해서는 중립이 필수적이지만 이 중립이 외부에서 주어졌다는 사실을 인정하는 순간 언제든지 다시 박탈당할 위험성이 있었습니다. 1889년의 위협은 그러한 가능성이 언제든 실현될 수 있음을 보여주었습니다.

스위스 역사학자 파울 슈바이처는 이런 사태에 깊은 문제의식을 갖고 천착했습니다. 그는 수년간의 고민 끝에 1895년《스위스

파울 슈바이처

중립사(Geschichte der schweizerischen Neutralität)》라는 역사책을 발표했습니다. 이 책에서 슈바이처는 스위스의 중립이 1815년 열강에 의해 주어진 것이 아니라 이미 이전부터 인정받은 것이라고 주장했습니다. 자신의 주장을 뒷받침하기 위해 슈바이처는 16세기 초반의 한 사건에 주목했습니다. 1515년 9월 13일과 14일 이탈리아 밀라노 주변의 마리냐노 지역에서 스위스 군대와 프랑스 군대가 전투를 벌였습니다. 북이탈리아, 특히 밀라노의 주도권을 두고 벌어진 이 전투에서 약 2만 명의 병력으로 구성된 스위스군은 패배했습니다.

슈바이처는 이 전투 자체보다는 이 전투의 배경과 결과에 주목했습니다. 이 전투가 북이탈리아에서 벌어졌다는 사실에서도 알 수 있듯이 슈바이처가 보기에 스위스는 여느 유럽 국가와 마찬가지로 영토를 확장하기 위한 노력을 계속하는 국가였습니다. 그러나 이 전투에서 패배한 이후 스위스인은 더 이상의 확장 정책을 포기했습니다. 이는 패배의 직접적 후유증 때문이기도 했지만 이후 시작된 종교개혁으로 스위스 내부의 갈등이 커지고 대외적으로 팽창할 여력이 없었기 때문이기도 했죠.

그런데 슈바이처는 스위스인이 확장 정책을 포기했다는 점에 주목해서 대담하게도 이 전투를 스위스 중립의 시작점이라고 해석합니다. 그는 프랑스와 벌인 전투에서 패배한 스위스가 이후 영토를 확장하거나 외부 일에 간섭하는 것을 포기하고 스스로 중립으로 남기를 선택했다는 새로운 역사 해석을 제시했습니다. 1895년 오스트리아와 독일 그리고 러시아가 스위스의 중립을 박탈하겠다고 위협하고 몇 년이 지난 후에 발표된 이런 주장이 의미하는 바는 분명했습니다. 스위스의 중립은 일반적으로 이해되었던 것처럼 강대국에 의해 1815년부터 주어진 것이 아니라 그보다 무려 300여 년 전인 16세기 초반 스위스인에 의해 스스로 선택되었다는 것이었습니다. 따라서 스위스의 중립은 주변의 강대국이 자의적으로 인정하거나 폐기할 수 없고 스위스인이 정해야 한다는

종교개혁을 피해 취리히로 도망 온 난민들

주장이었습니다.

## 사실과 해석의 역사학

사실 전쟁에서 패배한 이후 외부 확장 정책을 포기하는 것과 중립을 선언하는 것은 엄밀하게 따졌을 때 의미가 다르기 때문에 오늘날 대부분의 역사학자는 슈바이처의 주장을 받아들이지 않습니다. 게다가 16세기의 스위스인이 직접 중립이라는 말을 사용하지도 않았기 때문에 슈바이처의 주장은 오늘날의 기준으로는 학문적 설득력이 떨어집니다. 하지만 이러한 주장이 앞서 언급한 19세기 말과 20세기 초반 스위스인의 문제의식을 정확히 관통했다는 점이 학문적 설득력보다 중요했습니다.

이런 주장을 담은 슈바이처의 책이 성공을 거둔 이후 정확한 역사 지식을 갖지 못한 스위스 사람도 중립이 아주 오래전부터 스위스인에 의해 스스로 선택되었다는 막연한 믿음을 갖게 되었습니다. 그리고 스위스 공동체 내에서 공유된 이런 믿음이 점점 확대 재생산된 이후에는 이를 의심하는 행위 자체가 힘들어졌습니다. 주변 사람이 모두 믿고 있는 역사적 '사실'에 이의를 제기하는 것은 사회적으로 지탄을 받게 될 무모한 일이었기 때문입니다.

시간이 지나자 점차 스위스인이 스스로 중립을 선택했다는 '사실' 자체가 스위스인 사이에서 당연한 상식이자 스스로의 정체성을 규정짓는 중요한 요소가 되었습니다. 이후 스위스인은 지정학적 위치로 인해 위험에 처할 때마다 중립을 스스로의 민족적 정체성으로 되새기면서 위기에 맞설 수 있었습니다. 게다가 한번 민족적 정체성으로 자리 잡자 역사학을 비롯한 다양한 분야의 학자가 그 근원을 찾아 올라가는 연구를 하면서 이러한 정체성을 더욱 강화했습니다. 그 결과 스위스의 중립성은 점차 의심하기가 힘든 스위스의 정체성 자체가 되었습니다.

스위스의 중립은 그 자체로서의 역사 못지않게 역사를 해석하는 방법과 그 해석이 공동체 구성원에게 받아들여지는 과정 역시 중요하다는 점을 일깨워줍니다. 또한 슈바이처가 스위스의 중립 시점을 새롭게 해석한 동기에서도 드러나듯이 역사를 해석하는 행위가 고도의 정치적 행위라는 점을 보여줍니다. 스위스인이 아니더라도 오늘날 현대를 살아가는 사람이라면 한 번쯤 들어봤을 법한 스위스의 중립같이 전 세계적으로 퍼져 있는 개념도 역사적 사실이 아니라 특정한 해석의 결과입니다. 이를 보면 우리 주위에서 언제나 당연한 것으로 여겨지는 '사실' 또한 다시 한번 찬찬히 살펴볼 필요가 있음을 알 수 있습니다. 항상 자연스러운 것으로 받아들여졌던 '사실'에서 한 걸음 물러나 그 '사실'이 어떻게 '사실'로 받아들여지게 되었는지 찬찬히 살펴보는 것은 역사학의 묘미이자 희열입니다.

# 6 소련은 왜 해체되어 러시아가 되었을까?

1985년 2월 24일 소련에서는 새로운 서기장(소련 지도자)을 뽑는 행사가 치러졌습니다. 여기서 선출된 인물은 73세의 콘스탄틴 체르넨코였습니다. 전 세계 사람에게 체르넨코는 당시 소련을 상징하는 인물로 느껴졌습니다. 늙고 병든 허약한 체르넨코는 점점 약해져만 가는 소련처럼 보였던 것입니다. 설상가상으로 체르넨코는 선출된 지 불과 14일 만에 사망했습니다.

그의 후임으로 선출된 인물은 54세의 미하일 고르바초프였습니다. 그런데 서기장으로 뽑힐 때까지도 고르바초프는 당내에서 유력 인사가 아니었습니다. "단지 다른 대안이 없었을 뿐"이라는 고위 당 내부자의 말은 고르바초프의 불안한 위상을 보여줍니다. 다른 대안이 없었던 덕분에 서기장으로 선출된 고르바초프는 소련의 수많은 난제를 해결해야 했습니다. 1980년대 소련은 전방위적으로 위기를 겪었습니다. 젊은 세대의 지식인은 개혁을 원했던 반면, 보수적인 기성세대는 개혁에 반발했습니다. 소련 경제는 공산주의 체제의 한계로 인해 갈수록 어려워졌으며 소련의 여러 연방국은 점점 중앙의 통제에서 벗어나고자 했습니다. 이런 상황에서 고르바초프는 글라스노스트와 페레스트로이카, 곧 개방과 개혁으로 상징되는 일련의 대담한 정책을 펼쳤습니다. 그런데 대안이 없어서 서기장으로 선출된 고르바초프는 어떤 인물이었기에 그 자리에 올라서 개방과 개혁 정책을 펼칠 수 있었을까요?

고르바초프는 1931년 소련 프리볼노예에서 태어났습니다. 농부의 아들이었던 그는 어릴 때부터 콤바인을 다루는 험한 일들을 배웠고 이 덕분에 어린 시절 여러 상을 받았습니다. 고르바초프와 함께 상을 받은 대부분의 아이들이 당의 특권 계층 출신이었다는 점을 감안하면 고르바초프의 뛰어난 재능을 유추해볼 수 있습니다. 그런데 당의 특권 계층 출신이 아니었던 그는 다른 아이들과는 달리 정부로부터 상을 받으면서도 자신이 살고 있는 사회에 심각한 문제가 있다는 사실을 인지했습니다. 고르바초프는 청소년 시절부터 공산당이 선전하는 이상향과 현실 사이의 괴리를 깨달았습니다. 이러한 괴리는 인프라가 열악한 지방에서 특히 심했습니다. 영리했던 고르바초프는 열악한 농촌에서 탈출할 방법은 당 내부로 들어가 출세하는 것뿐이라는 사실 역시 일찍 깨달았습니다. 다른 때라면 아무런 배경도 없는 인물이 이미 기존 세력이 확고하게 장악한 당내로 진입하는 것이 매우 힘들었겠지만 마침 시대적 상황이 고르바초프를 도왔습니다. 1930년대와 1940년대에 스탈린의 대숙청과 2차 세계대전을 겪으면서 수많은 인물이 사망했고 덕분에 많은 자리가 비게 된 것이죠. 덕분에 고르바초프는 소련 최고의 대학인 모스크바대학교에 입학할 수 있었습니다.

1950년 19세의 나이로 가방 하나만 들고 며칠간의 기차 여행 끝에 모스크바에 도착한 고르바초프는 법학을 공부하기 시작합니다. 이후 "지역 소비에트의 사례를 통해 살펴본 국가의 관리에 대한 대중의 참여"라는 주제로 논문을 쓰고 학교를 졸업한 고르바초프는 곧 당의 명령으로 스타브로폴에 파견되어 공식적인 업무를 시작했습니다. 열악한 지방으로 파견되었기에 좋은 출발은 아니었지만 고르바초프는 능력을 발휘하며 당의 고급 간부로 승진했습니다. 농부의 아들이라는 배경 때문에 농업에 관해 잘 알던 그는 특히 농기계 분야에서 전문성을 발휘하며 승승장구했습니다. 1970년 그는 스타브로폴에서 농업 분야의 장이 되었고 이를 바탕으로 이듬해에는 중앙위원회의 위원이 되었습니다.

처음 스타브로폴에 발령받았을 때만 해도 생각하지 못했겠지만 결과적으로 고르바초프의 중앙 진출에 큰 도움이 된 한 가지 요소가 있었습니다. 바로 스타브로폴의 유명한 온천이었습니다. 온천 덕분에 늙어가는 많은 당 고위 관료가 스타브로폴을 방문했고 고르바초프는 그들과 인맥을 맺었습니다. 고르바초프는 스타브로폴을 방문하는 당 관료들을 직접 일일이 환영했고, 그 덕분에 그의 존재가 점점 알려졌습니다.

## 유일하게 현실을 직시한 소련의 지도자

본업에서의 전문성과 당내의 좋은 평판을 토대로 고르바초프는 1980년 소련 정치국의 위원으로 마침내 모스크바로 향하게 됩니다. 이후 고르바초프는 정치국 위원이라는 자리 덕분에 당시 소련에서는 매우 드물게도 해외여행을 할 수 있었는데 업무상의 이유로 해외를 돌아다니면서 그는 깊은 충격과 감명을 받은 것으로 알려져 있습니다. 고르바초프는 일련의 여행을 통해 소련이 실제로 서방 국가에 비해 얼마나 열악한지 뼈저리게 느꼈습니다. 이후 고르바초프가 개혁과 개방을 외칠 때 당내에서 그를 지원했던 인사들도 해외 경험이 있다는 공통점이 있었습니다.

열악한 소련의 현실에 대한 깨달음은 고르바초프가 서방 국가와 협력을 하도록 이끌었습니다. 1985년 서기장 자리에 오르기 전에도 해외를 돌아다니며 여러 외국 정상과 만났던 고르바초프는 고지식한 이념 투쟁보다는 실무적인 일 처리에 중점을 두고 외교에 임했습니다. 강경한 반공주의자였던 영국의 총리 마거릿 대처조차 고르바초프를 가리켜 "나는 그를 좋아했다. 그와 함께라면 일을 진전시킬 수 있었다"라고 긍정적으로 평가할 정도였죠. 그러나 '일을 진전시킬 수 있다'는 평가를 감안하더라도 서기장 자리에 올랐을 때 고르바초프가 마주한 소련의 위기는 너무나 심각했습니다. 비효율적인 계획으로 붕괴한 경제, 목적이 불분명한 아프가니스탄 전쟁으로 인한 자원 낭비와 서방과의 관계 악화, 당 관리들의 극심한 부정부패, 인민의 심각한 알코올 중독 문제, 소련의 경제적 능력에 비해 비대한 무기 개발비 등은 단기간에 극복할 수 있는 문제가 아니었습니다.

고르바초프가 취임 후 처음으로 추진한 정책 중 하나는 금주였습니다. 그만큼 소련 사회의 알코올 중독 문제는 매우 심각했습니다. 그는 당의 행정 체제를 동원하여 인민 사이에서 금주운동을 펼치고자 했습니다. 그러나 이런 운동이 대개 그렇듯이 고르바초프의 금주 정책은 사회 각계각층의 극심한 반발에 부딪쳤을 뿐만 아니라 각종 암시장 문제까지 초래했습니다. 이때 고르바초프는 당-관료 중심의, 위에서 아래로 내려오는 정책 집행 방식의 한계를 크게 느꼈습니다.

고르바초프는 1986년 전당대회에서 여전히 공식적으로는 '마르크스-레닌주의적 이데올로기'에 기반한 정책을 강조했지만 비공개 자리에서는 다른 입장을 내세웠습니다. 특히 외교에서 그랬습니다. 그는 "무기 경쟁을 통해서는 결코 서방 제국주의를 이길 수 없다"고 대놓고 말하기도 했습니다. 고르바초프는 소련의 경제를

로널드 레이건과 만난 고르바초프

살리기 위해서는 여러 무기, 특히 핵무기 개발에 들어가는 돈을 줄여야 한다는 입장을 당내에서 관철시켰습니다. 미국 대통령이었던 로널드 레이건과 협상을 벌여 여러 차례 무기 감축 조약을 맺었을 뿐만 아니라 1987년에는 당시로서는 파격적으로 워싱턴을 직접 방문하기까지 했습니다.

이런 개혁적 행보로 인해 고르바초프는 서방 언론의 스타가 되었습니다. 그러나 소련 내에서 그의 인기는 높지 않았습니다. 상점에는 여전히 필수품 재고가 없을 정도로 경제가 어려웠고 1986년에는 체르노빌에서 원전 사고가 일어나 당의 위기관리 능력이 얼마나 형편없는지가 만천하에 공개되기도 했기 때문이죠. 심지어 1987년에는 독일의 아마추어 비행사인 18세의 마티아스 루스트가 헬싱키에서 모스크바까지 소련 공군의 제지도 없이 비행하는 믿기 힘든 사건이 벌어졌습니다. 소련 체제가 얼마나 부실한지 모든 사람에게 상징적으로 보여주는 사건이었습니다.

고르바초프는 이러한 위기를 명분으로 당내의 낡은 인사들을 새로운 인물들로 대체하기 시작했습니다. 또한 그는 "우리는 인민에게 진실을 밝혀야 한다"면서 검열을 사실상 폐지하고 언론의 자유를 도입했습니다. 이전에 정보기관에 의해 임의로 체포되거나 구속되었던 정치범들도 사실상 복권시켰습니다. "숨쉬기 위해 공기가 필요한 것처럼 우리는 민주주의가 필요하다"는 고르바초프의 말은 그의 인식을 단적으로 드러냅니다. 그러나 70년 가까이 당내에 깊게 뿌리내린 부정부패와 비효율을 한 개인이 단번에 해결할 수는 없었습니다.

## 마지막 소련 대통령 고르바초프

한편 고르바초프의 개혁 개방 정책은 소련의 여러 연방국에 독립운동이 일어나는 것을 자극했습니다. 소련군이 고르바초프의 통

1986년 체르노빌 원전 사고는 공산당의 불투명한 시스템과
위기관리 능력을 적나라하게 드러냈다.

1991년 보리스 옐친 러시아 대통령이 탱크 위에서 성명을 읽고 있다.

제를 벗어나 이를 무력으로 억압하는 사태도 심심치 않게 일어났고 그 과정에서 수십 명이 사망하기도 했습니다. 설상가상으로 모스크바에서는 고르바초프의 개혁에 반발하는 보수 세력의 쿠데타가 벌어졌습니다. 쿠데타는 이틀 만에 진압되었지만 군대가 따르지 않는 상황에서 고르바초프의 운신의 폭은 점점 좁아졌습니다.

1991년 보리스 옐친이 러시아 대통령이 되면서 고르바초프는 힘을 잃게 됩니다. 고르바초프는 개혁과 개방을 내걸더라도 소련 자체를 해체하고 싶은 마음은 없었지만 옐친과 소비에트 연방의 다른 연방국 지도자들은 각 지역의 민족주의 세력을 대변하여 소련의 해체까지 동반하는 더 강하고 빠른 개혁을 주장했습니다. 결국 옐친은 1991년 12월 8일 우크라이나와 벨라루스 지도자들을 만나 "국제법의 주체로서 그리고 지성학적 실체로서 소비에트 연방국은 더 이상 존재하기를 멈춘다"라는 합의서에 서명했습니다. 이합의서가 서명되기 1년 전인 1990년에 소련의 대통령 자리에 올랐던 고르바초프는 소련이 존재하기를 멈춘다는 합의서에 옐친이 서명함으로써 더 이상 존재하지 않는 국가의 대통령이 되어버렸습니다. 정치적 싸움에서 패배했음을 깨달은 고르바초프는 2주 후인 12월 25일 소련 대통령 자리에서 물러난다고 발표했습니다. 텔레비전으로 방송된 연설에서 그는 "전체주의 체제가 끝났으며, 사회가 자유를 찾았다"고 말했습니다. 그러나 "국가가 쪼개지는 것"에는 동의하지 않는다고 말했습니다.

고르바초프의 바람과는 달리 이제 소련은 사실상 해체되었습니다. 1917년 러시아 혁명과 함께 시작되어 2차 세계대전 이후 격화된 냉전의 시대 또한 저물어가는 역사의 중심에 있었던 고르바초프는 서방에서는 변화와 개혁의 상징이자 동독과 동유럽에 자유를 가져다준 인물로 칭송받았습니다. 그러나 러시아 내에서는 일부로부터 소련의 붕괴를 가져온 반역자라는 평가를 받았을 뿐만 아니라 소련 붕괴 이후 러시아에서 발생한 각종 혼란과 위기의 원흉으로 지목되었습니다.

# 7 이스라엘 주변에선 왜 끊임없이 싸움이 일어날까?

우리는 어릴 때부터 유대인을 국가도 없이 수천 년을 떠돌면서도 끝끝내 자신의 정체성을 지킨 대단한 민족으로 배워왔습니다. 국가도 없이 수천 년을 떠돌던 유대인이 어떻게 20세기 중반에 갑자기 자신들의 고향이라 여기던 지역에 다시 국가를 세울 수 있었을까요.

유대인의 역사는 서양의 고대와 중세로까지 거슬러 올라가지만 지금과 같은 현대적인 의미에서의 이스라엘 역사는 19세기 유럽에서 시오니즘이 본격적인 사조로 떠오르면서 시작됐습니다. 물론 19세기 이전에도 유대인 집단 내에서는 언젠가 예루살렘으로 돌아갈 것이라는 바람이 공유되었습니다. 그러나 시오니즘이 대두되기 이전에는 그런 바람이 당장 이뤄질 것이라는 실천적인 의미의 바람이 아닌 일종의 집단적인 바람에 가까웠습니다. 이런 집단적

바람에서 예루살렘은 구체적인 장소라기보다는 공동체 의식을 형성해주는 상상의 공간에 가까웠습니다. 이에 반해 근대의 시오니즘은 당장 유대인이 예루살렘으로 돌아가서 국가를 세울 수 있다는, 혹은 세워야 한다는 주장을 내세웠습니다.

예루살렘 복귀를 정치적 목표로 삼은 시오니즘은 어떻게 퍼지게 되었을까요? 여기에는 19세기 유럽 사회의 변화가 큰 역할을 했습니다. 18세기 계몽주의의 대두 이후 서유럽 사회에서는 그동안의 관습이나 전통에 따른 통치가 무비판적이고 비이성적인 것으로 배척되었습니다. 단순히 과거부터 이어졌기 때문에 전통을 계속 따른다는 생각보다는 이성의 힘을 믿는 합리주의적 자세가 지식인 사이에서 힘을 얻었습니다. 이 새로운 지식인들이 보기에 유대인에 대한 기존 사회의 차별과 억압은 비합리적이었습니다. 유대인에 대한 차별은 합리적 근거에 기반한 것이 아니라 단순한 선입견이나 고정관념에 의한 것이었기 때문입니다. 많은 계몽주의자와 지식인이 목소리를 내면서 유대인은 점점 비유대인과 마찬가지로 유럽 국가 내에서 시민권을 가지고 권리를 행사할 수 있게 되었습니다.

물론 이 과정에서 여러 가지 갈등과 문제가 터져 나오기도 했습니다. 예를 들어 19세기 독일이나 프랑스에서는 유대인에 대한 차별이 폐지되면서 정부의 주요 관직이나 사회 지도층에 유대인이 많아졌고 그 결과 기존의 주류 사회에서 반유대주의 감정이 격화되었습니다. 다른 한편으로 유대인 사이의 갈등도 적지 않았습니다. 유대인이 사회에 공식적으로 편입될 기회가 주어지면서 엄격한 유대교식 생활 방식을 포기하고 주류 사회에 자리를 잡고자 하는 유대인들이 생겼습니다. 반면 기존의 생활 방식을 고수하려는 이들도 적지 않았습니다. 세속화된 유대인과 그렇지 않은 유대인이 갈라서기 시작했고 이는 유대인 내부의 갈등을 깊어지게 했습니다.

서유럽에서의 이런 갈등이 계몽주의 이래 사회의 진보 과정에서 생긴 혼란에 가까웠다면 동유럽의 사정은 더 나빴습니다. 러시아에서는 18세기 말부터 유대인이 정해진 구역에만 거주해야 할 정도로 심한 차별이 계속되었고 1881년 알렉산드르 2세가 암살당했을 때는 유대인이 암살 배후라는 음모론이 퍼지면서 여러 차례의 집단 학살이 일어났습니다.

### 시오니즘의 탄생

예루살렘 복귀를 목표로 하는 시오니즘은 바로 이와 같은 집단 학살을 계기로 탄생했습니다. 러시아와 동유럽에서 더는 생존이 불가능하다고 판단한, 사회경제적으로 중산층에 속했던 유대인 지식인 일부가 팔레스타인 지역으로 향하는 집단 이민 운동을 벌이기 시작했습니다. 우크라이나 오데사 출신의 의사였던 레온 핀스

커는 《자가 해방》이라는 소책자에서 팔레스타인 지역으로의 이민을 통해 유대인이 자신의 운명을 스스로 개척할 수 있다고 주장했습니다. 여러 곳에서 일어난 집단 학살에 지친 유대인 상당수가 핀스커의 주장에 따라 이민을 떠났습니다. 1881년 이후 수년간 무려 250만 명의 동유럽 유대인이 기존의 거주지를 버리고 떠났습니다. 물론 이때까지만 해도 그중 99퍼센트가 예루살렘이 아닌 미국이나 서유럽으로 향했기 때문에 핀스커가 주장한 시오니즘에 완전히 들어맞지는 않았습니다. 그럼에도 1880년대 이후 시오니즘이 동유럽에서 억압받던 유대인에게 한 가지 대안으로 떠오른 것은 분명합니다.

막 대두되기 시작한 시오니즘에 깊은 감명을 받은 사람 중에는 1860년에 태어나 젊은 나이에 언론인으로 활동하던 테오도르 헤르츨도 있었습니다. 헝가리 부다페스트에서 태어나 빈과 파리에서 활동한 그는 특히 프랑스에서 드레퓌스 사건 이후 사회적으로 여전히 남아 있는 반유대주의를 몸소 체험하고 시오니즘에 인생을 바쳤습니다. 드레퓌스 사건은 1894년 프랑스의 유대인 장교 알프레드 드레퓌스가 간첩 혐의로 부당하게 유죄 판결을 받은 사건인데요. 이 사건으로 프랑스에서 제도적으로 반유대주의가 철폐되었음에도 여전히 사회적으로는 반유대주의 감정이 강하게 남아 있다는 사실이 확인된 바 있었죠.

유대인 장교가 억울하게 유죄 판결을 받는 것을 지켜본 헤르츨

테오도르 헤르츨(위)
1897년 스위스 바젤에서 열린 시오니즘 대회(아래)

은 1896년《유대인의 국가》라는 책을 출판했습니다. 그는 이 책에서 "우리는 하나의 민족이다. 우리가 분열되어 있더라도 역사에서 늘 그래왔던 것처럼 우리의 적이 우리를 하나로 만들어준다. 곤경 속에서 우리는 함께하고 그로부터 우리의 힘을 얻는다"라고 썼습니다. 유대인이 억울하게 누명을 쓴 드레퓌스 사건 직후 쓰인 책이라서 헤르츨이 어떤 감정을 느꼈을지는 이해할 만합니다. 하지만 많은 역사학자가 이 책에서 이후 예루살렘 지역에서 벌어질 갈등의 요소를 엿보기도 합니다. 헤르츨이 말했듯이 시오니즘은 적을 통해 유대인을 하나로 만들기 때문에 유대인 내부의 단합을 위해서라도 계속 적을 규정해야 했던 것이죠.

헤르츨은 1897년 스위스 바젤에서 처음으로 시오니즘 대회를 열었습니다. 이후 시오니즘 대회는 유럽 여러 도시에서 번갈아 열리면서 일종의 의회로 작동했습니다. 시오니즘 대회에서는 "법적으로 인정된 팔레스타인 지역에 고향"을 수립하는 것이 공식적인 목표로 선언되었고 이를 위한 현실적인 방법과 한계가 논의되었습니다. 유럽에서 팔레스타인 지역으로의 이주가 본격적으로 시작된 것도 이때였습니다. 헤르츨은 1904년 44세의 젊은 나이로 사망했지만 이러한 선지자적 역할을 인정받은 덕분에 1948년 이스라엘의 건국이 선언된 이후 이스라엘 사회에서 모세와 비견되는 위상을 갖게 되었습니다.

한편 20세기 초반까지 팔레스타인 지역은 공식적으로 오스만제국의 통치를 받았지만 몰락하고 있던 오스만제국은 이 지역을 제대로 통제하지 못했습니다. 이런 지정학적 혼란을 틈타 1904년 헤르츨이 사망할 때까지 3만 명이 넘는 유대인이 팔레스타인 지역으로 이주했습니다. 초기 이주자들은 대개 재산이 얼마 없고 종교적인 동기로 이주를 결심한 유대인이었습니다. 로스차일드 가문의 일원이었던 에드몽 로스차일드가 이들을 지원해주었을 정도로 유대인의 이주는 체계적으로 이루어졌습니다.

헤르츨이 사망한 이후에도 유대인의 팔레스타인 이주는 계속되었습니다. 그런데 이때부터는 이주의 성격이 다소 변했습니다. 점차 단순한 종교적 열망이 아닌 새로운 사회를 건설하려는 욕망을 가진 이들이 팔레스타인을 기회의 땅으로 봤던 것입니다. 특히 새로운 땅에 사회주의 공동체를 만들려던 이들이 팔레스타인으로 떠났습니다. 이들은 초기 이주민과 구분되는 공동체를 건설하고 사유재산 없이 자신들이 생각하는 정의로운 사회를 만들었습니다. 이렇게 새로운 이주민이 늘어나면서 사회적 제도도 발전했습니다. 법을 집행하고 치안을 관리하는 제도도 물론 발전했지만 기술 개발을 목표로 하는 전문적인 대학교가 생기고 히브리어에 대한 학문적 연구가 본격화되는 등 교육 분야도 눈에 띄게 발전했습니다.

예루살렘으로 향하는 이주는 1차 세계대전으로 잠시 중단되었다가 전쟁이 끝난 1918년 이후 재개되었습니다. 이때에도 1917년의 러시아 혁명에 감명을 받아 이스라엘에 사회주의 공동체를 건설하겠다는 열망을 가진 이가 많이 들어왔습니다. 특히 1917년 영국의 외무부 장관이었던 벨푸어가 시오니즘에 호의적인 영국 정부의 입장을 담은 일명 '벨푸어 선언'을 월터 로스차일드에게 공개함으로써 이주가 더욱 활발해졌습니다. 벨푸어 선언은 전쟁에서 승리하기 위해 미국 유대계의 지지가 필요했던 영국 정부가 유대인의 국가 건설을 약속한 것이었습니다. 그러나 이 선언은 이미 중동 지역에 살고 있던 아랍인의 의견을 무시했기 때문에 갈등의 씨앗이 되었습니다.

유럽에서 팔레스타인 지역으로 떠나는 유대인의 이주는 1920년대와 1930년대에도 계속되었습니다. 스탈린과 히틀러의 통치하에서 반유대주의가 늘어나고 유대인에 대한 학살과 억압이 증가한 것도 유대인의 이주에 큰 영향을 미쳤습니다. 1931년에는 약 17만 명의 유대인이 팔레스타인 지역에 살았고 이는 이 지역 전체 인구의 약 17퍼센트를 차지했습니다. 유대인 인구는 계속 늘어서 이스라엘이 공식적으로 건국되기 직전인 1946년에는 50만 명을 넘겼습니다.


### 벤구리온의 불길한 예언

앞서 언급한 바와 같이 새로운 이주민은 경제적으로 어느 정도 여유가 있었습니다. 이들은 사회적인 억압을 피해 이주해온 이들

팔레스타인으로 이주하는 유대인 인구는 1946년 50만 명을 넘겼다.

이었습니다. 이들이 이주하면서 가져온 자본은 이 지역의 경제 발전에 중요한 역할을 했지만, 한편으로 같은 유대인 사이의 경제적, 사회적 차이를 드러내면서 문화적 갈등을 일으키기도 했습니다. 1930년대에 접어들면서 유대인 사이의 문화적 갈등은 점차 정치적인 갈등으로 발전했습니다. 한편 비유대인, 즉 아랍인과의 갈등을 어떻게 해결할 것인지는 종교적으로도 경제적으로도 중요한 문제로 떠올랐습니다.

　사회주의를 표방하는 마파이라는 정당은 필요한 경우 인근 아랍인과 타협해서라도 가급적 공존하고자 노력했습니다. 그러나 다른 한편에는 폭력을 통해서라도 이 지역에서 유대인의 우위를 관철하고자 하는 강경론자도 있었습니다. 이후 수십 년간 이 지역에 갈등을 유발할 요소가 이미 1930년대부터 형성되었던 것입니다.

새로 들어온 유대인은 아랍인 지주로부터 토지를 구매했습니다. 많은 경우 유대인이 구매하기 이전까지 이 땅은 지주가 직접 경작하지 않는 일종의 소작지였습니다. 그런데 기존의 아랍인 지주 밑에서 소작농으로 일하던 사람들은 같은 아랍인인 경우가 대부분이었습니다. 토지의 주인이 유대인으로 바뀌게 되면 아랍인 소작농은 일자리를 잃었습니다. 이런 과정에서 생겨난 사회적 갈등을 어떻게 해결할지는 매우 중요한 문제였지만 궁극적으로는 제로섬 게임에 가까운 형태였기 때문에 어느 한쪽이 땅을 떠나지 않으면 해결하기 매우 힘들었습니다.

1차 세계대전에서 패배한 오스만제국이 해체된 이후 팔레스타인 지역을 관리하던 영국은 궁극적인 해결책을 찾는 대신 그때그때 목소리가 큰 세력의 요구를 들어줌으로써 갈등을 눈가림하는 데만 급급했습니다. 토지를 둘러싼 갈등을 근본적으로 해결하지 못했기 때문에 1930년대부터 유대인과 아랍인 사이에는 유혈 사태를 동반한 물리적 충돌이 반복적으로 일어났습니다. 타협을 통해 문제를 해결하려던 마파이당의 지도자 다비드 벤구리온은 점차 자신의 당 안에서도 자신에게 반발하고 자신의 권위를 인정하지 않는 강경한 의견이 힘을 얻는 것을 바라보아야 했습니다.

1948년 이스라엘에서 마지막 영국군이 떠나는 것을 보고 있는 벤구리온 총리

   2차 세계대전이 끝나고 2년 후인 1947년 11월 29일 유엔이 이 지역에 대한 영국의 통치를 마무리하고 이 지역을 유대인과 아랍인의 인구 비율인 55대 45로 나누라는 결의안을 통과시켰습니다. 많은 유대인이 수천 년간 갈망하던 순간이 드디어 현실로 다가온 것에 감격했습니다. 그러나 단 한 사람, 벤구리온만은 그러지 못했습니다. 그는 일기에 "저녁에 사람들이 거리에서 춤을 췄다. 그러나 나는 전쟁이 목전에 다가왔으며 우리가 많은 젊은이를 잃을 것이라는 사실을 알고 있다"라고 기록했습니다. 이 불길한 예언을 확인시켜주듯 1948년 5월 14일 벤구리온이 이스라엘이 독립국가임을 선포하자 다음 날 이집트, 시리아, 레바논, 요르단, 이라크가 곧바로 이스라엘을 공격했습니다. 수천 년간 유대 민족이 갈망해온 국

가 건설이 현실로 이루어졌지만, 이 지역에 살고 있는 또 다른 민족과의 평화적 조율 없이 이루어진 건국이었기에 곧바로 새로운 갈등의 불씨가 피어오른 것입니다. 이스라엘의 건국은 유대인에게는 오랜 꿈의 실현이었지만, 팔레스타인 사람에게는 자신의 터전과 정체성을 위협받는 사건이었습니다. 이렇게 시작된 두 민족 간의 대립과 분쟁은 지금까지도 이 지역을 흔들면서 반복되는 평화와 갈등의 중동 현대사를 만들어가고 있습니다.

# 참고문헌

Allison, Robert: *The American Revolution: A Concise History*, Oxford 2011

Althaus, Marco: Die Kanalarbeiter der Compagnie von Suez. In: *Politik & Kommunikation*. July 2011, pp. 38-29

Beelen, Hans: *Handel mit neuen Welten. Die Vereinigte Ostindische Compagnie der Niederlande 1602-1709*, Oldenburg 2002

Black, Robert: *Machiavelli*, London 2013

Brenner, Michael: *Geschichte des Zionismus*, München 2002

Brown, Archie: *The Human Factor. Gorbachev, Reagan, and Thatcher, and the End of the Cold War*, Oxford 2020

Browne, Janet: *Charles Darwin. Voyaging*, London 1995

Buchheim, Christoph: *Industrielle Revolutionen*, München 1994

Calvert, Karin: Children in the House. *The Material Culture of Early Childhood, 1600-1900*, Boston 1992

Carmona, Michel, and Patrick Camiller: *Haussmann: His Life and Times and the Making of Modern Paris*, 2002

Carrier, Martin: *Nikolaus Kopernikus*, München 2001

Classen, Albrecht (Ed.): *Childhood in the Middle Ages and the Renaissance*, Berlin 2005

Cogliano, Francis D.: *Revolutionary America 1763-1815. A Political History*, London 2000

Dalos, György: *Gorbatschow. Mensch und Macht. Eine Biographie*, München 2011

Engels, Eve-Marie: *Charles Darwin*, München 2007

Farnie, D. A.: *East and West of Suez. The Suez Canal in History 1854-1956*, Oxford 1969

Frei, Norbert: *Paris, 13. Mai 1968. 20 Tage im 20. Jahrhundert*, 2000

Gilcher-Holtey, Ingrid: *Die Phantasie an die Macht! Mai 1918 in Frankreich*, Frankfurt 1995

Grewe, Cordula (Ed.): *Die Schau des Fremden. Ausstellungskonzepte zwischen Kunst, Kommerz und Wissenschaft*, Stuttgart 2006

Hamel, Jürgen: *Nicolaus Copernicus. Leben, Werk und Wirkung*, Heidelberg 1994

Heinrich, Michael: *Karl Marx und die Geburt der modernen Gesellschaft. Biographie und Weiterentwicklung*, Stuttgart 2018

Helck, Wolfgang: *Das Bier im Alten Ägypten*, Berlin 1971

Hesse-Wartegg, Ernst von: *Die Einheitszeit nach Stundenzonen*, Dresden 1892

Hobsbawm, Eric: *The Age of Revolution 1789-1848*, London 1962

Hoffmeister, Kurt: *Fußball - Der Siegeszug begann in Braunschweig*, Braunschweig 2004

Jensen, Merill: *The Founding of a Nation. A History of the American Revolution 1763-1776*, Oxford 1968

Kriesi, Hanspeter: *Le système politique suisse*, Paris 1998

Lewerenz, Susann: *Völkerschauen und die Konstituierung rassifizierter Körper*. In: Torsten Junge, Imke Schmincke (Ed.): *Marginalisierte Körper. Beiträge zur Soziologie und Geschichte des anderen Körpers*, Münster 2007, pp. 135-154

Lill, Rudolf: *Geschichte Italiens in der Neuzeit*, Darmstadt 1998

Lynch, John: *Simón Bolívar. A life*, New Haven 2006

Macintyre, Stuart: *A Concise History of Australia*, Cambridge 2004

Meußdoerffer, Franz/Zarnkow, Martin: *Das Bier. Eine Geschichte von Hopfen und Malz*, München 2014

Meyer, Christiane/Reiter, Sabine: *Impfgegner und Impfskeptiker. Geschichte, Hintergründe, Thesen, Umgang*. In: *Bundesgesundheitsblatt - Gesundheitsforschung - Gesundheitsschutz* 47 (2004), pp. 1182-1188

Moritz, Rainer: *Der ganz große Traum ... oder wie der Lehrer Konrad Koch den Fußball nach Deutschland brachte*, Reinbek 2011

Mundt, Jörn W.: *Thomas Cook. Pionier des Tourismus*, 2014

Nahemy, John M.: *Between Friends. Discourses of Power and Desire in the Machiavelli-Vettori Letters 1513-1515*, Princeton 1993

Nanni, Giordano: *The Colonisation of Time. Ritual, Routine and Resistance in the British Empire*, Manchester 2012

Narinelli, Clark: *Child Labor and the Industrial Revolution*, Bloomington 1990

Nippel, Wilfried: *Karl Marx*, München 2018

Orme, Nicholas: *Medieval Children*, New Haven 2001

Petram, Lodewijk: *The World's First Stock Exchange*, Columbia University Press 2014

Pinkney, David H.: *Napoleon III and the Rebuilding of Paris*, 1958

Reinhardt, Volker: *Geschichte Italiens von der Spätantike bis zur Gegenwart*, München 2003

Reynolds, Henry: *The Other Side of the Frontier. Aboriginal Resistance to the European Invasion of Australia*, Ringwood 1990

Schweizer, Paul: *Geschichte der schweizerischen Neutralität*, Frauenfeld 1895

Sperber, Jonathan: *Karl Marx. Sein Leben und sein Jahrhundert*, München 2013

Stöckli, Rita: *Die Anfänge der eidgenössischen Neutralität in der Historiographie. Eine Text- und Wirkungsanalyse der Neutralitätsgeschichten von Paul Schweizer und Edgar Bonjour*, Bern 1997

Thießen, Malte: *Vom immunisierten Volkskörper zum präventiven Selbst. Impfen als Biopolitik und soziale Praxis vom Kaiserreich zur Bundesrepublik*. In: *Vierteljahrshefte für Zeitgeschichte. Band* 61, Nr. 1, 2013, pp. 34-65

Thode-Arora, Hilke: *Für fünfzig Pfennig um die Welt. Die Hagenbeckschen Völkerschauen*, Frankfurt am Main 1989

Thompson, E.P.: *The Making of the English Working Class*, London 1963

Voigt, Johannes H.: *Geschichte Australiens und Ozeaniens. Eine Einführung*, Köln 2011

Williamson, Andrew: *The Golden Age of Travel*, 20014

Wolfgang G. Schwanitz (Ed.): *125 Jahre Sueskanal. Lauchhammers Eisenguß am Nil, Olms*, Hildesheim 1998

Zadoff, Noam: *Geschichte Israels. Von der Staatsgründung bis zur Gegenwart*, München 2020

Zeuske, Michael: *Simón Bolívar, Befreier Südamerikas. Geschichte und Mythos*, Berlin 2011

Zimmer, Oliver: One Clocks Fits All? Time and Imagined Communities in Nineteenth-Century Germany, in: *Central European History* 53 (2020), pp. 48-70

Zorz, Alvisei: Österreichs Venedig. *Das letzte Kapitel der Fremdherrschaft 1798 bis 1866, Düsseldorf 1990iver*: One p. 48-70

# 질문으로 시작하는 세계사 수업1

초판 1쇄 발행 2024년 12월 16일

**지은이** 김태수
**발행인** 김형보
**편집** 최윤경, 강태영, 임재희, 홍민기, 강민영, 송현주, 박지연
**마케팅** 이연실, 송신아  **디자인** 송은비  **경영지원** 최윤영, 유현

**발행처** 어크로스출판그룹(주)
**출판신고** 2018년 12월 20일 제 2018-000339호
**주소** 서울시 마포구 동교로 109-6
**전화** 070-5080-4113(편집) 070-8724-5877(영업)  **팩스** 02-6085-7676
**이메일** across@acrossbook.com  **홈페이지** www.acrossbook.com

ⓒ 김태수 2024

ISBN 979-11-6774-181-3 03900

**만든 사람들**
**편집** 강태영  **교정** 윤정숙  **표지디자인** THIS COVER  **본문디자인** 송은비  **조판** 박은진